写真で見る

World Tram Photobook

世界の路面電車

杉田紀雄 著

JN122155

スランディドノ グレートオームトラムウェイ【イギリス】

北海道新聞社

CONTENTS

はじめに

　34年間勤めた電機メーカーを1994年に退職後、健康維持のために趣味で写真撮影を始めました。1999年からは被写体を路面電車に絞り、約15年かけて世界各地を訪れ、トラム（路面電車）の写真を撮影してきました。それらの写真を一冊にまとめ、2013年に世界415都市のトラムを紹介した「世界の路面電車ビジュアル図鑑」（北海道新聞社）を出版しました。

　その後も世界各地で、路線網が広がっています。2014年から2019年まで約6年かけて、中国やヨーロッパなど新設した都市や新たに路線網を広げた都市など約80カ所を訪れ、それらの都市の写真を加えたのがこの本です。

　なお、国によりトラムと呼ばれる乗り物の範囲はさまざまですが、この本に掲載した写真のなかには、トラムとはいえない郊外電車や地下鉄、モノレール、鉄道なども含まれています。世界には多種多様な乗り物があります。せっかくの機会なので読者の

世界各地の都市を分類化するにあたっては、コード化するとわかりやすいと思い、
それぞれの国と都市に数字のコードを付けました。
最初の2けたは国の番号で、次の2けたは都市の番号です。

　みなさまにご紹介したいという著者である私の思いもあり、掲載いたしました。また、
中国やアフリカなどでは急速な経済発展により、トラムの路線網が拡大しています。
それらのすべてのトラムを掲載している本ではありません。何卒ご理解ください。
　電車も歩行者もゆったり歩むトラムの利便性は見直されており、トラムを中心に地域
交通を連携させたまちづくりは世界各地で始まっています。日本でも宇都宮で、2023
年8月の開業に向けた試運転が始まっています。
　この本を通して、各国により異なる車両のデザインやまちの様子を楽しみつつ、省
エネにもつながるトラムの価値を見直すきっかけになれば、著者としてこれ以上の喜び
はありません。
　それでは、写真を眺めながら、楽しんでいただけましたら、幸いです。

2023年5月　杉田紀雄

写真 アリカンテ【スペイン】

アルゼンチン

大西洋に臨む南アメリカ大陸南東部に位置する国家。
南米第2の大国。ラプラタ川流域の中央部に広がる大平原パンパは
肥沃な農牧地帯で、人口の大半が集まる。

0101 ブエノスアイレス *Buenos Aires*

アルゼンチン中東部にある同国の首都。ラプラタ川の河口に広がる港町で、ヨーロッパ風の重厚な
街並みから「南米のパリ」とも呼ばれる。南米ではサンパウロに次ぐ大都市。

アルメニア

黒海とカスピ海の間に挟まれたコーカサス地方南部の国家。
国土の大半が標高1000メートル以上の高地。
B.C.301年に世界で初めてキリスト教を国教とした。

0201 エレバン *Yerevan*

アルメニア中南部にある同国の首都。イラン国境近くの標高1000メートルにある。
アルメニア人の聖地とされるアララト山（現在はトルコ領）が見渡せる。

Aruba アルバ

カリブ海地域、南米ベネズエラの北西沖に浮かぶ、オランダの自治領である。

0301 オラニエスタッド *Oranjestad* オラニエスタッドはアルバの主都。白砂のビーチが広がるリゾートのまち。

Commonwealth of Australia
オーストラリア

オーストラリア大陸とタスマニア島などからなる国家。
地下資源が豊富で、鉄鉱石、石炭の輸出量は世界一。
農業大国としても知られ、小麦や肉が大量に輸出されている。

0401 アデレード *Adelaide*

オーストラリア南部、南オーストラリア州の都市。「芸術の町」といわれる。
碁盤の目のように整然と区画され、緑あふれる公園に囲まれる。

0402 バララット *Ballarat*　オーストラリア南東部、ビクトリア州の都市。1850年代にはゴールドラッシュでにぎわった。
温暖な気候に恵まれ、夏はメルボルン市民の保養地として知られる。

0403 ベンディゴ *Bendigo*　オーストラリア南東部、ビクトリア州の都市。
1851年に同国で最も早く砂金が発見され、バララットとならぶ代表的な金鉱都市として発展した。

0404 ゴールドコースト *Gold Coast*

オーストラリア東部、クイーンズランド州の都市で、同国最大のリゾート保養地。
サーファーズパラダイス・ビーチは黄金海岸と呼ばれ、有数のサーフィンスポットとして知られる。

0405 メルボルン *Melbourne*

オーストラリア南東部、ビクトリア州の都市。1956年に夏季五輪が開催された。
英国調の街並みと緑が多いことから「ガーデンシティ」とも呼ばれる。

0406 パース *Perth*　オーストラリア西部の西オーストラリア州の都市。「オーストラリアのカリフォルニア」とも呼ばれ、保養地として知られる。

0407 シドニー *Sydney*

オーストラリア南東部、ニューサウスウェールズ州にある同国最大の都市。
前衛的な建築で知られるシドニー・オペラハウスやハーバーブリッジがある。

0408 ビクターハーバー *Victor Harbor*

オーストラリア南部の都市。エンカウンター湾の西端に臨む。酪農や林業がさかん。
1867年にグラニット島までを結ぶ道が造られ、馬車鉄道が走行している。

オーストリア

ヨーロッパ中央部に位置し、アルプス山脈北東斜面を占める国家。国土面積は北海道と同じくらい。
かつてヨーロッパの大部分を支配したハプスブルク家の国として知られる。

0501 グムンデン *Gmunden*　オーストリア中央部、オーバーエスターライヒ州の都市。トラウン湖畔にあるリゾート地。

0502 グラーツ *Graz*　オーストリア南東部シュタイアーマルク州の都市。同国第2の都市。ルネサンス様式の宮殿や歴史的建造物が多い。

0503 インスブルック *Innsbruck*

オーストリア西部、チロル州の都市。マリア=テレジア通りが市の中心にある。
冬はウインタースポーツがさかんで、1964年と1976年に冬季五輪が開催された。

0504 リンツ *Linz* オーストリア北部オーバーエスターライヒ州の都市。
経済の中心地として、中世から発展し、同国ではウィーン、グラーツに続くオーストリア第3の都市である。

0505 ペストリングベルク鉄道 *Postlingberg Railway*

リンツ市内を発着するトラムで、途中で登山鉄道に乗り入れ、急こう配を登る。標高539メートルのペストリングベルク山の山頂展望台からは、リンツの町を一望できる。

0506 ザルツブルク *Salzburg*　オーストリア中北部、ザルツブルク州の都市。丘陵にホーエンザルツブルク城があり、麓にはモーツァルトの生家もある。1920年から毎年夏に音楽祭が開催され、世界各国から音楽家が集まる。

0507 ウィーン *Wien*　オーストリア北東部にある同国の首都。中世ヨーロッパの音楽や芸術の中心地として発展し、ハイドン、ベートーベン、モーツァルトなどが活躍した。

0508 バーデン・バイ・ウィーン *Baden bei Wien*

オーストリア北東部ニーダーエスターライヒ州にあり、ウィーンの南に位置する都市。
古くからの温泉地として知られ、2021年にユネスコ世界遺産に登録された「ヨーロッパの大温泉保養地」の一つとなった。

アゼルバイジャン

世界最大の湖カスピ海の西側、コーカサス山脈の南東部に位置する国家。
1991 年にソ連から独立した。石油資源も豊富な「火の国」。

0601 バクー　*Baku*

アゼルバイジャンの首都。カスピ海西岸に突きだした港町。天然ガスや石油資源に恵まれる。
帝政ロシア時代のバクー油田の開発で、カスピ海周辺の最大都市として発展してきた。

ベラルーシ

東ヨーロッパの国家。ロシアのモスクワの西側に位置する。
1991年に旧ソ連から独立した。内陸国で、国土の大部分は低地で湿原も多い。

0701 ミンスク *Minsk*

ベラルーシのほぼ中央に位置する首都。ミール城は世界遺産に登録されている。
現在も旧ソ連時代の建物が残ることから、旧ソ連のテーマパークとも呼ばれる。

0702 モズイリ *Mozyr*

ベラルーシ南東部に位置する都市。木材加工・食品工業がさかん。近郊に製油所がある。

0703 ナバポラツク *Novopolotsk*　ベラルーシ北東部に位置する都市。石油精製・石油化学工業がさかんな工業都市。

0704 ヴィツェプスク *Vitebsk*　ベラルーシ北東部に位置する都市。ロシアとの国境に近い。
1992 年から「ヴィツェプスク・スラヴァンスキー・バザール」という音楽祭が開かれる。

ベルギー

ヨーロッパ北西部、北西部が北海に面する国家。気候は高緯度にしては温暖。
国土の大半はフランドル平地が広がる平野部。
ベルギーチョコやフレンチポテトなどグルメの国として有名。

0801 アントウェルペン *Antwerpen*

ベルギー北部、スヘルデ川右岸に位置する都市。古くから国際貿易港として栄え、
現在も同国を代表する貿易港。宝石取引、ダイヤモンド加工で知られる。

0802 ブリュッセル *Brussels*

ベルギー中北部にある同国の首都。EU 本部や NATO 本部など、さまざまな国際機関が集まるため、
「ヨーロッパの首都」と呼ばれる。小便小僧像があることでも有名。

0803 ベルギー沿岸軌道 *Belgian Coast Tram*

ベルギーの海岸線を走るライトレール路線で、単一の系統としては総延長 67 キロと世界一長い。フランス国境近くのデ・パンネからオランダ国境近くのクノック＝ヘイストまでを結ぶ。

0804 シャルルロワ *Charleroi*

ベルギー西部、エノー州に位置する都市。鉄鋼、ガラス、化学などの重化学工業がさかんな工業都市。
17世紀に君主だったスペイン王のカルロス2世を記念して建設された要塞が都市名となった。

0805 ヘント *Gent* ベルギー北西部、オースト=フランデレン州の都市。ヨーロッパ最大の織物工業都市として発展してきた。園芸もさかんで「花の都」ともいわれる。「青い鳥」のメーテルリンクの生地がある。

0806 アン・シュル・レス *Han Sur Lesse* ベルギー南部ナミュール州にある小さな村。長さ14キロの巨大な鍾乳洞、アンの洞窟で知られる。

0807 オーステンデ *Oostende*

ベルギー北西部、オースト=フランデレン州の都市。大きな海水浴場があり、北海を望むリゾート地として有名。カキ、イガイなど魚介類も豊富に獲れる。

ボスニア・ヘルツェゴビナ

東ヨーロッパのバルカン半島北西部に位置する国家。国土の大部分が山岳森林地帯。
ユーゴスラビアから独立した。セルビア人、ボスニャク人、クロアチア人で構成される。

0901 サラエボ *Sarajevo*

ボスニア・ヘルツェゴビナ中東部にある同国の首都で最大の人口を有する。標高500メートルの山々に囲まれている。
1984年に共産圏で初めての冬季五輪が開催された。

10
Federative Republic of Brazil
ブラジル

南アメリカに位置する国家。南アメリカ大陸最大の面積、経済規模の国。
埋蔵量世界一の鉄鉱石など豊富な地下資源を生かし、近年は石油化学工業も発展している。

1001 カンポス・ド・ジョルダン *Campos Do Jordao*

ブラジル南東部中央側、サンパウロ州の都市。リオデジャネイロとサンパウロとの間にある。避暑地として知られる。

1002 リオデジャネイロ *Rio De Janeiro*

大西洋に接するブラジル南東部、リオデジャネイロ州にある同国第2の都市。派手な衣装のダンサーたちがサンバのリズムで踊るカーニバルやコルコバードの丘のキリスト像で知られる。

1003 コルコバード鉄道 *Corcovado*　リオデジャネイロにあるコルコバード鉄道はコルコバードの丘を登る。
頂上には巨大なキリスト像が立つ。

1004 サントス *Santos*　ブラジル南東部、サンパウロ州の都市。コーヒーの積出港として発展。
1908年（明治41年）に第1回ブラジル移民の笠戸丸が到着した地。保養地としても知られる。

1005 サンパウロ *Sao Paulo*　ブラジル南東部、サンパウロ州にある同国最大の都市。同国の経済の中心で、南半球最大の都市。
超高層ビルが建ち並び、「南米のシカゴ」ともいわれる一方、スラム街も隣り合う。

11
Republic of Bulgaria

ブルガリア

ヨーロッパ南東部、バルカン半島東部に位置する国家。ヨーグルト、ジャムワインなどの特産品で知られる。
香水の原料となるバラの香油は世界の約7割が同国産。

1101 ソフィア *Sofia*

ブルガリア西部にある同国の首都。ヨーロッパ最古の都市の一つ。
聖ソフィア聖堂や同国最大の教会であるアレクサンドル・ネフスキー大聖堂など歴史的建築物が数多く残る。

Canada

カナダ

北アメリカ大陸北部に位置する国家。
北極海に面する森と湖で知られ、国立公園の総面積は世界一。
広大な森林を利用した林業もさかん。ロシアに次いで、世界第2位の面積を誇る。

1201 カルガリー *Calgary*

カナダ南西部、アルバータ州の都市。1988年に冬季五輪が開催された。
ロデオ大会などカウボーイ文化を披露するカルガリー・スタンピードの開催地として有名。

1202 エドモントン *Edmonton*

カナダ中南西部、アルバータ州の都市。石油、天然ガスの産地で、工業化が進む。
ウェスト・エドモントン・モールは世界最大級のショッピングモール。

1203 オタワ *Ottawa*　カナダ南東部、オンタリオ州の都市で、人口は国内第5位だが、同国の首都で政治・経済の中心地。
同市とオンタリオ湖畔のキングストン市とを結ぶリドー運河は世界遺産。

1204 トロント *Toronto*　カナダ南東部にあるオンタリオ州にある同国最大の都市。オンタリオ湖の北岸に位置する。
CNタワーは、2007年までの32年間、自立式の建築物としては世界で最も高い塔であった。

13 中華人民共和国

People's Republic of China

東アジアに位置する国家。黄河、長江をはじめ、大河の源流をなす。
急成長を続ける世界第2位の経済大国。古代文明発祥地の一つ。

1301 安仁 *Anren* 　中国湖南省郴州市に位置する県。レアメタルなど鉱産資源も豊富な工業都市。石墨の埋蔵量は世界屈指である。

1302 鞍山 *Anshan* 　中国遼寧省、遼東半島の付け根にある工業都市。
鉄鋼石、石炭、コークス、製鉄、セメントなど鉱物資源が豊富で、大型鉄鋼コンビナート、機械工場がある。

1303 北京 *Beijing*　中国の政府直轄市。同国の首都で、政治・経済の中心地。
現在は紫禁城という王宮だった故宮博物院、同国の国会にあたる全国人民代表大会が開催される人民大会堂などがある。

1304 長春 *Changchun*　中国吉林省にある都市。1932年から1945年まで満州国の首都とされ、新京と呼ばれた。
満州国統治時代に開業した歴史を持つ。

1305 大連 *Dalian*　中国東北部、遼寧省にある都市。遼東半島の最南端に位置する。
古くから貿易港として発展し、1905 年のポーツマス条約でロシアから日本に租借権が譲渡された。

1306 広州 *Guangzhou*　中国南部、広東省の都市。人口では同国第 3 の都市。古くから国際貿易港として栄えてきた。
2009 年竣工の広州タワーは全高 600 メートル、くびれ形状の電波塔。

1307 香港 *Hong Kong*　中国南東部にある特別行政区。イギリスの植民地だったが、1997年に同国に返還された。
超高層ビルがひしめく中心部は、アジアを代表する金融センターとなっている。

1308 香港ピークトラム *Hong Kong Peaktram*　標高552メートルの扯旗山（ビクトリアピーク）の396メートル地点には、
眺めのよいピークタワーがある。

1309 南京 *Nanjing*　中国東部、江蘇省の都市。長江の下流の沿岸に位置する。
2500年あまりの歴史を持つ古都で、水陸交通の要衝として発展してきた。南京長江大橋、玄武湖公園など名所も多い。

1310 上海市 浦東新区 *Shanghai Pudong*　中国の政府直轄市で、同国最大の都市。浦東新区では、2010年の上海万博が開催された。
上海張江高新技術産業開発区は同国の産業技術レベル向上を目的に開発されている。

1311 上海市 松江区 *Shanghai Songjiang*

中国の政府直轄市で、同国の経済をけん引し続ける巨大都市。松江地区は同市の南西にあり、黄浦江の上流に位置する。興聖教寺塔（方塔）などの歴史的建造物が残る。

1312 瀋陽 *Shenyang*

中国東北部、遼寧省の都市。近代以降は重工業都市として発展。
後金の2代目皇帝ホンタイジの陵墓である「昭陵」や約7200年前の遺跡である「新楽遺跡」など名所も多い。

1313 蘇州 *Suzhou*　中国東部、江蘇省の都市。古くから絹織物の産地として栄えた。
拙政園などの「蘇州古典園林」は世界遺産に登録されている。街中には水路が走り、「東洋のヴェニス」の名も。

1314 天津 *Tianjin*

中国東北部に位置する政府直轄市。人口1500万を超える大都市。
古くから水陸交通の要地を占め、現在は環渤海湾地域の中心地で、同国の北方最大の対外開放港。

1315 屯門(新界) *Tuen Mun*

香港の18の行政区の一つ。香港北西部の郊外にある。人口増加で大規模の高層ニュータウンが建ちならぶ。

14
Republic of Croatia

クロアチア

ヨーロッパ南東部、アドリア海北東部に面する国家。
兵士のネッカチーフが起源といわれるネクタイ発祥の地。
アドリア海沿岸の気候は温暖で、リゾート地として有名。

1401 オシエク *Osijek*
クロアチア北東部、スラボニア地方の都市。ドナウ川の支流ドラバ川南岸に位置する。
古代ローマ帝国の要塞都市として発展してきた。

1402 ザグレブ *Zagreb*
クロアチア北西部、ドナウ川の支流サバ川沿岸にある同国の首都。同国最大の都市で、政治、経済の中心。
まちの中心部にある聖マルコ教会が有名。

53

チェコ

ヨーロッパ中央部、かつてはチェコスロバキアという国であったが、1993年にスロバキアと分かれて独立。
中世末はボヘミア王国として栄え、ヨーロッパ文化の中心地だった。

1501 ブルノ *Brno*

チェコ南東部、モラヴィア地方にある都市。同国第2の都市。
作曲家ヤナーチェクが活動の拠点を置いたことにちなんだ音楽祭も開かれている。

1502 リベレツ *Liberec*　チェコ北西部、北ボヘミア地方の都市。14世紀から羊毛、綿織物がさかんで、「ボヘミアのマンチェスター」ともいわれる。

1503 モスト *Most*　チェコ北西部、北ボヘミア地方の都市。もともとは炭鉱の町として栄え、現在は製鉄、機械工業がさかん。

1504 オロモウツ *Olomouc*　チェコ南東部、モラヴィア地方の都市。モラバ川右岸に接する。
2000 年に世界遺産に登録された聖三位一体柱が有名。

1505 オストラバ *Ostrava*　チェコ北東部、シレジア地方の都市。ポーランドとの国境近くのオーデル川沿岸に位置する。
炭田地帯として発展し、現在は同国最大の工業地帯の中心地。

1506 プルゼニ *Plzen*
チェコ西部、ボヘミア地方の都市。
12世紀末以来のビール醸造の都市として有名で、同国最大規模のビール工場がある。

1507 プラハ *Praha*　チェコの首都で、同国最大の都市。1000年以上の歴史を持つまちで、中世の街並みが残っていることから
「中世の宝石」「魔法の都」「百塔の都」ともいわれる。

デンマーク

北ヨーロッパ、バルト海と北海に挟まれたユトランド半島と
400以上の島々からなる国家。ブロックの「レゴ」は同国の玩具会社。

1601 オーフス *Aarhus*

デンマーク中部の港湾都市で、同国第2の都市。ユトランド半島の文化の中心地でもある。
まちのシンボルであるオーフス大聖堂は同国で最も大きい聖堂。

1602 コペンハーゲン *Copenhagen*

デンマークの首都で、同国最大の都市。シェラン島東部、コペンハーゲン湾に面している。
「北欧のパリ」とも言われ、中世の美しい建物も数多く、名所も多い。

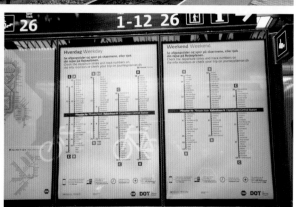

1603 ヘルシンゲル *Helsingor*

デンマーク東部、シェラン島北東部に位置する都市。シェイクスピアの『ハムレット』に登場する「エルシノア城」のモデルになったクロンボー城は世界遺産に登録されている。

エジプト

1701 アレクサンドリア *Alexandria*
エジプト北部にある同国第2の都市。B.C. 332年にアレクサンダー大王が建設した都市。
世界中の文献の収集をめざした「アレクサンドリア図書館」が有名。

1702 カイロ *Cairo*
エジプト北東部、ナイル川河口にある同国の首都で、アフリカ最大の都市。
ツタンカーメンの金棺で有名なエジプト博物館など古代エジプト文明の遺跡が数多く残る。

1703 ヘリオポリス *Heliopolis*　カイロ市内北東部にある高級住宅地。古代都市遺跡。
太陽神ラー信仰の中心地。ギリシャ語で「太陽の町」を意味する。

1704 ヘルワン *Helwan*　カイロ南郊の、ナイル川沿いにある都市。鉱泉の湧く地。ローマ時代の浴場跡、宮殿のほか、ケディバル天文台が有名。

エストニア
Republic of Estonia

ヨーロッパ北東部にある国家。
バルト海に面したバルト三国の一つで、1991 年にソ連から独立した。
大相撲の元大関「把瑠都」の出身国。国土は平たんで、森林と湖が多い。

1801 タリン *Tallinn*

エストニア北西部にある同国の首都で、最大の都市。対岸にあるフィンランドのヘルシンキとの交流がさかん。
近年は「バルト海のシリコンバレー」とも呼ばれ、IT 産業がさかん。

フィンランド

ヨーロッパ北東部に位置する国家。
産業は林業が中心であったが、近年はIT産業の躍進がめざましく、
携帯電話メーカーのノキアも同国。サンタクロースのふるさと。

1901 ヘルシンキ *Helsinki*

フィンランド南端に位置する同国の首都で、政治、経済の中心地。
整然とした街並みから「バルト海の乙女」「北方の白都」ともいわれる。

フランス

ヨーロッパ西部に位置する国家。多くの観光客が訪れる世界一の観光国。
「芸術の国」ともいわれ、文化大国として世界をリード。

2001 アンジェ *Angers*　フランス北西部の都市。ブドウ酒で有名。町のシンボルのアンジェ城は現存する城としてはフランス最古のもの。

2002 オバーニュ *Aubagne*　フランス南部の都市。東にトゥーロン、西のマルセイユにもほど近い場所にある。

2003 ブザンソン *Besancon*　フランス東部にある都市。フランス国王ルイ14世に仕えた築城の名手、ヴォーバンが設計した要塞や都市の城壁などの防衛施設は世界遺産に登録されている。

2004 ボルドー *Bordeaux*　フランス南西部にある都市。ボルドーワインの産地として世界的に有名。名所では、古代ローマの半円形劇場（ガリアン宮殿遺跡）がある。

2005 ブレスト *Brest*

フランス西部の港湾都市。三角江の特徴を生かして、同国最大の海軍基地が置かれている。
ブレスト城は古代から現代まで要塞として機能し、一部は博物館として公開されている。

2006 カーン *Caen*

フランス北西部にあるフランスを代表する城下町。鉄鉱石の積み出しと石炭の積み下ろしで発展してきた。
ウィリアム1世が建てたカーン城は現在、城壁だけが残る。

2007 シャモニー＝モンブラン *Chamonix Mont Blanc*　フランス東部の都市。登山とスキーのリゾート地として知られる。1924 年に冬季五輪の第1回大会が開催された。

2008 クレルモン・フェラン *Clermont Ferrand*　フランス中央高地にある都市。ゴムや化学工業がさかん。グルメガイドで有名な同国のタイヤーメーカー「ミシュラン」の本社もある。

2009 ディジョン *Dijon* ── フランス中東部にある都市。かつてはブルゴーニュ公国の首都であった。
サン＝ベニーニュ・ド・ディジョン大聖堂など、数多くの中世の建物が残る。

2010 ドゥエー *Douai* ── フランス北部の工業都市。1980年代までは炭鉱都市として発展した。現在は金属、機械、化学工業がさかん。
ルノーの乗用車組み立て工場もある。

2011 グルノーブル *Grenoble*

フランス南東部の都市。同国のアルプス観光の玄関口。1968年に冬季五輪が開催された。
バスティーユ城砦が有名。

2012 ル・アーブル *Le Havre* フランス北西部の都市。大西洋岸では同国最大級の港湾都市。中心部の街並みは世界遺産に登録されている。

2013 ル・マン *Le Mans* フランス北西部に位置する都市。カーレースの「ル・マン24時間耐久レース」の開催地。ライト兄弟が飛行記録を作った地としても知られる。

2014 リール *Lille* フランス北部の商工業都市。ベルギーとの国境にほど近い。
中世から運河が作られて、水運交易で栄えた。北フランス工業地帯の中心都市。

2015 リヨン *Lyon* フランス南東部に位置する商工業都市。国際刑事警察機構（インターポール）も置かれている。
「星の王子さま」の作家、サン＝テグジュペリの出生地。

2016 マルセイユ *Marseille*

フランス南東部の都市。同国最大の港湾都市。地中海沿岸最大級の貿易港として発展した。
魚介類のスープ料理「ブイヤベース」の本場。「マルセイユせっけん」も有名。

DÉPASSEMENT
DES
TRAMWAYS
INTERDIT
AUX ARRÊTS
Art.R16 du Code de la Route

2017 モンペリエ *Montpellier*

フランス南部の都市。ヨーロッパ最古の歴史を誇る医学部をはじめ、同国を代表するモンペリエ大学がある。ブドウの取引の中心地としても知られている。

2018 ミュルーズ *Mulhouse*

フランス北東部の都市。プジョー社の工場などがある工業都市で、数多くの産業関連の博物館がある。
「ミュルーズ鉄道博物館」は同国最大の鉄道博物館。

2019 ナンシー *Nancy* フランス北東部の工業都市。市の中心部にあるスタニスラス広場、カリエール広場、アリアンス広場は世界遺産にも登録されている。アール・ヌーボーのクリスタル・ガラス製造も有名。

2020 ナント *Nantes* フランス西部の商工業都市。ロワール川河畔に位置する。金属、機械、化学、造船、繊維工業がさかん。毎年11月頃に三大陸映画祭が開催される。

2021 ニース *Nice* フランス南東端にある観光都市。地中海に面していて、古くから交易地として発展。
世界的なリゾート地で、高級ホテルやカジノが立ち並ぶ。

2022 オルレアン *Orleans* フランス中北部にある都市。
1429年に百年戦争でフランスの国民的英雄「ジャンヌ＝ダルク」がイングランド軍から解放した地。

T1

2023 パリ *Paris*　フランス中北部にある同国の首都。凱旋門、エリゼ宮、ルーヴル美術館、エッフェル塔など名所が数多くある世界一の観光都市。ファッションの中心としても知られる。

T2

T3

T4

T5

T6

T7

T8

2024 ランス *Reims*　フランス北東部の都市。ノートルダム大聖堂、サン＝レミ聖堂、トー宮殿は世界遺産にも登録されている。シャンパンの集散地としても知られる。

2025 ルーアン *Rouen* フランス北部の都市。古代ローマ時代から続く古都で、セーヌ川の河港として栄えた。ジャンヌ＝ダルクはここで処刑された。

2026 サンテティエンヌ *Saint-Etienne* フランス南東部の工業都市。国立兵器工場が置かれるなど古くは武器製造の町として知られた。現在は鉄鋼、金属、化学などがさかん。

2027 サルグミーヌ *Sarreguemines*

フランス北東部グラン・テスト地域圏にある都市。
ドイツのザールブリュッケンを経由してレーバッハに向かうザールバーンというトラムトレインが走っている。

上の写真はフランスのサルグミーヌとドイツのザールブリュッケンの間を走るトラムトレイン。

2028 ストラスブール *Strasbourg*

フランス北東部、ライン川の左岸に位置する。
「ヨーロッパの十字路」といわれ、交通と通商の要衝として発展してきた。クリスマスツリーの発祥地。

2029 トゥールーズ *Toulouse*　フランス南部の都市。古代ローマ時代からの史跡が多数ある。
ヨーロッパの航空機産業の拠点としても知られ、「エアバス社」の本社もある。

2030 トゥール *Tours*　フランス中部の都市。「サン・ガシアン大聖堂」「プリュムロー広場」「トゥール美術館」など名所も多い。
ロワール川沿いにブドウ畑が広がり、ワインの産地としても有名。

2031 バランシエンヌ *Valenciennes*　フランス北部の工業都市。自動車工業、石油化学がさかん。
トヨタの製造子会社の工場もあり、ヨーロッパ仕様のヴィッツが大量生産されている。

ジョージア

21
Georgia

西アジア、コーカサス地方南西部に位置する。1991 年に旧ソ連から独立。
西には黒海があり、険しいコーカサス山脈が東西に連なる。古代から東西文化の交差点として発展してきた。

2101 トビリシ *Tbilisi* ジョージア東部の都市で、同国の首都。ヨーロッパとアジアの人々が行きかうシルクロードの町として発展した。

22 ドイツ

ヨーロッパ中央部にある国家。16の州から構成されている。世界第4位の経済大国で、EU加盟国では最大の経済力をもつ。エコロジー先進国であり、環境問題に関心が高い。

2201 アウクスブルク *Augsburg*

ドイツ南部、バイエルン州にある都市。同国で最も古い都市の一つ。マルティン・ルターが宗教改革をはじめた町。

2202 バート・シャンダウ *Bad Schandau*

ドイツ東部、ザクセン州にある観光都市。ドレスデンから40キロ、電車で45分ほどにある温泉保養地。

2203 ベルリン *Berlin*

ドイツ北東部に位置する首都。同国の首都で、最大の都市。
1989年にベルリンの壁が取り壊されて、ブランデンブルク門は統一のシンボルとなった。森鷗外の小説「舞姫」の舞台。

2204 ビーレフェルト *Bielefeld* ドイツ西部、ノルトライン＝ヴェストファーレン州にある工業都市。繊維、自動車、金属など工業がさかん。

2205 ボーフム *Bochum* ドイツ西部、ノルトライン＝ヴェストファーレン州にある都市。
鉄鋼、機械、自動車産業などルール工業地帯を代表する工業都市。

2206 ボン *Bonn*

ドイツ西部、ノルトライン＝ヴェストファーレン州にある都市。1990年まで西ドイツの首都。
ベートーベンの生家があり、シューマンが晩年暮らした。

2207 ブランデンブルク・アン・デア・ハーフェル *Brandenburg An Der Havel*

ドイツ北東部、ブランデンブルク州にある工業都市。鉄鋼、機械、繊維産業がさかん。教会など中世の建造物が多く残る。

2208 ブラウンシュヴァイク *Braunschweig*

ドイツ北部、ニーダーザクセン州にある都市。自動車、光学機器などの工場が立地。
数学者ガウスの出身地。

2209 ブレーメン *Bremen*

ドイツ北西部、ブレーメン州の都市。グリム童話「ブレーメンの音楽隊」の舞台で、
市庁舎横に記念のブロンズ像が立つ。

2210 ケムニッツ *Chemnitz*　ドイツ東南部、ザクセン州の工業都市。繊維工業都市として発展し、「ザクセンのマンチェスター」と呼ばれた。

2211 コトブス *Cottbus*　ドイツ東部、ブランデンブルク州にある都市。ポーランドとの国境にほど近い。繊維工業がさかん。

2212 ダルムシュタット *Darmstadt* ドイツ中西部、ヘッセン州にある工業都市。機械、化学工業、宇宙工学がさかん。

2213 デッサウ *Dessau* ドイツ中部、ザクセン=アンハルト州にある都市。
建築学校の施設として、ヴァイマルとデッサウのバウハウスとその関連遺産群は世界遺産に登録されている。

2214 ドルトムント *Dortmund*

ドイツ西部、ノルトライン=ヴェストファーレン州にある工業都市。
近年は重工業からハイテク産業へと変貌しつつある。ビール醸造もさかん。

2215 ドレスデン *Dresden*

ドイツ東部、ザクセン州の商業都市。16世紀には文化の都として、「エルベのフィレンツェ」とも呼ばれた。
19世紀以降は工業都市として発展した。

2216 デュイスブルク *Duisburg*

ドイツ西部、ノルトライン=ヴェストファーレン州にある都市。
鉄鋼都市として発展し、ヨーロッパ最大の鉄鋼メーカー「ティッセン」の本社がある。

2217 デュッセルドルフ *Dusseldorf*

ドイツ西部、ノルトライン=ヴェストファーレン州にある都市。
外国企業が数多く進出している国際商業都市。日本企業も500社以上が進出。

2218 エアフルト *Erfurt* ドイツ中央部、テューリンゲン州にある都市。
1838年第1回国際園芸展が開催されて以降、「園芸の町」とよばれる。

2219 エッセン *Essen* ドイツ西部、ノルトライン=ヴェストファーレン州の都市。ルール工業地帯の中心都市。
石炭採掘の歴史を伝える「ツォルフェアアイン炭鉱業遺産群」は、世界遺産に登録されている。

2220 フランクフルト・アム・マイン *Frankfurt Am Main*

ドイツ中西部、ヘッセン州の都市。ヨーロッパ交通の要。同国の経済、ソーセージの「フランクフルト」はこの都市名から付けられた。

2221 フランクフルト・アン・デア・オーデル *Frankfurt An Der Oder*

ドイツ東部、ブランデンブルク州の都市。ポーランドとの国境線、オーダー川に面する。

2222 フライブルク・イム・ブライスガウ *Freiburg Im Breisgau*

ドイツ南西部、バーデン=ヴュルテンベルク州の都市。環境保全都市として知られ、「環境首都」「緑の首都」という名で呼ばれている。

2223 ゲルゼンキルヘン *Gelsenkirchen*

ドイツ西部、ノルトライン=ヴェストファーレン州の都市。
ルール地方の工業都市として発展してきたが、現在は炭鉱町の面影はない。

2224 ゲーラ *Gera* ドイツ東部、テューリンゲン州の都市。繊維工業、機械、金属工業がさかん。

2225 ゲルリッツ *Gorlitz* ドイツ東部、ザクセン州の都市。
テュフズード社が所有する「ゲルリッツ鉄道試験所」があり、列車の安全走行の試験を実施している。

2226 ゴータ *Gotha*　ドイツ東部、テューリンゲン州の都市。古くからのヨーロッパの地理学・地図出版の中心地。
地図出版で有名なヘルマン・ハーク社がある。

2227 ハルバーシュタット *Halberstadt*　ドイツ中東部、ザクセン＝アンハルト州の都市。14世紀以降から商都として栄えた。
食肉加工業がさかん。

2228 ハレ *Halle*　ドイツ中東部、ザクセン＝アンハルト州の商工業都市。
岩塩の採掘地として知られる。作曲家ヘンデルの出生地で、1922年から「ハレ・ヘンデル音楽祭」が開かれている。

2229 ハノーバー *Hanover*　ドイツ北西部、ニーダーザクセン州の商工業都市。
広大な緑地に囲まれて、「緑のなかの大都市」と呼ばれる。2000年に万国博覧会が開催された。

2230 ハイデルベルク *Heidelberg*

ドイツ南西部、バーデンヴュルテンベルク州の都市。
ドイツ最古のハイデルベルク大学を中心とした学園都市。ハイデルベルク城も有名。

2231 ハイルブロン *Heilbronn*

ドイツ南西部、バーデン＝ヴュルテンベルク州の都市。ワイン栽培やビール醸造が有名。
中心街には歴史的建造物が数多く残されている。

2232 イェーナ *Jena*　ドイツ中部、テューリンゲン州の都市。
フリードリヒ・シラー大学（通称イェーナ大学）を拠点として数多くの哲学者、文学者、科学者が居住した。

2233 カールスルーエ *Karlsruhe*　ドイツ南西部、バーデン＝ヴュルテンベルク州の工業都市。同国の連邦憲法裁判所がある。

2234 カッセル *Kassel*

ドイツ中央部、ヘッセン州の都市。鉄道車両や自動車製造、電気機械などの工業がさかん。グリム兄弟が居住して、民話を収集したグリム童話発祥の地。

2235 ケルン *Koln*

ドイツ西部、ノルトライン＝ウェストファーレン州の都市。
町のシンボル、ケルン大聖堂は完成までに600年以上かかった。ケルン・カーニバルは同国最大規模の祭り。

2236 クレーフェルト *Krefeld*　ドイツ西部、ノルトライン=ヴェストファーレン州の工業都市。ビロード・絹織物生産、繊維産業がさかん。

2237 ライプツィヒ *Leipzig*　ドイツ東部、ザクセン州の商工業都市。バッハが活動拠点とした町で、音楽の町として知られる。
トーマス教会少年合唱団は1212年に創設された同国最古の音楽団体。

2238 ルートヴィヒスハーフェン *Ludwigshafen*

ドイツ南西部、ラインラント=プファルツ州の都市。ライン川河畔にある。化学工業の町で、世界最大の総合化学メーカー「BASF」の本社がある。

2239 マクデブルク *Magdeburg*

ドイツ中東部、ザクセン=アンハルト州の都市。古くからエルベ川水運の中継地として栄えた。テンサイ栽培による製糖業がさかん。

2240 マインツ *Mainz*　ドイツ西部、ラインラント＝プファルツ州の商工業都市。ロマネスク様式のマインツ大聖堂が有名。
活版印刷を発明したグーテンベルクの出生地。

2241 マンハイム *Mannheim*　ドイツ西南部、バーデン＝ヴュルテンベルク州の都市。歴史観光ルートの古城街道の起点。
マンハイム大学もある。

2242 ミュールハイム *Mulheim*

ドイツ北西部、ノルトライン=ウェストファーレン州の工業都市。
炭鉱の町として発展したが1966年に閉鎖された。鉄鋼、製油、繊維工業がさかん。

2243 ミュンヘン *Munchen*

ドイツ南部、バイエルン州に位置する。ベルリン、ハンブルクに次ぐドイツ第3の都市。
シーメンスやBMWの本社がある。毎年秋に世界最大のビール祭り「オクトーバーフェスト」が行われる。

2244 ナウムブルク *Naumburg* ドイツ中央部、ザクセン=アンハルト州の都市。ザーレ川沿いに位置する。
ザンクト・ペーター・ウント・パウル大聖堂が有名。

2245 ノルトハウゼン *Nordhausen* ドイツ中央部、テューリンゲン州の都市。酒、たばこの産地として知られる。

2246 ニュルンベルク *Nurnberg*

ドイツ東南部、バイエルン州の商工業都市。同国最大のクリスマス市が有名。
ナチス指導者に対する国際軍事裁判が行われた。

2247 オーバーハウゼン *Oberhausen*

ドイツ西部、ノルトライン＝ウェストファーレン州の鉱工業都市。
かつては製鉄と炭鉱の町として発展した。

2248 プラウエン *Plauen* ドイツ中東部、ザクセン州の都市。レース、カーテン、刺繍などの繊維産業がさかん。

2249 ポツダム *Potsdam* ドイツ東部、ブランデンブルク州の工業都市。第2次世界大戦の戦後処理で、日本の終戦についての会談が行われた。サンスーシ宮殿、サンスーシ公園が有名。

2250 ロストク *Rostock* ドイツ北東部、メクレンブルク=フォアポンメルン州の都市。バルト海に面する港湾都市。
交易の拠点として、発展してきた。まち全体が綺麗で、清潔感がある。ゴミ一つ落ちていなかった。

2251 ザールブリュッケン *Saarbrucken* ドイツ南西部、ザールラント州の都市。交易路の要所として発展した。
フランスとの国境にほど近い。地下資源が豊富で、かつては炭鉱、製鉄で栄えた。

2252 シェーンアイヘ *Schoneiche*　ドイツ北東部、ベルリン郊外にある都市。保養地として知られる。

2253 シュヴェリーン *Schwerin*　ドイツ北部、メクレンブルク＝フォアポンメルン州の都市。町は7つの湖に囲まれている。
シュヴェリーン城は湖上にたたずむ城で、名城として知られている。

2254 シュトラウスベルク *Strausberg*　ドイツ東部、ブランデンブルク州の都市。シュトラウス湖の東畔にある。

2255 シュトゥットガルト *Stuttgart*　ドイツ南西部、バーデン＝ヴュルテンベルク州の工業都市。
世界的自動車メーカーのポルシェやメルセデス・ベンツの本社がある。

2256 ウルム *Ulm*
ドイツ南部、バーデン＝ヴュルテンベルク州の都市。尖塔を含めた高さが世界一を誇る「ウルム大聖堂」が有名。
物理学者アインシュタインの生地としても知られる。

2257 ヴォルタースドルフ *Woltersdorf* ドイツ、ベルリン郊外の都市。

2258 ブッパータール *Wuppertal*

ドイツ西部の工業都市。ドイツ産業革命の中心地であり、紡績産業などが発展した。
市の中心を貫くモノレール「ブッパータール空中鉄道」は市内交通の中心。

2259 ヴュルツブルク *Wurzburg*　ドイツ南部、バイエルン州の都市。フュッセンまでの366キロのロマンティック街道の始発都市。
レジデンツは大司教の宮殿で、世界遺産に登録されている。

2260 ツビッカウ *Zwickau*　ドイツ東部、ザクセン州の鉱工業都市。

23
Hellenic Republic

ギリシャ

ヨーロッパの南東部に位置する国家。
アテネのアクロポリスやパルテノン神殿を初め数多くの古代都市遺跡がある。
古代オリンピック発祥の地でもある。

2301 アテネ *Athens*

ギリシャ中東部に位置する、同国の首都。同国の政治、経済の中心。古代ギリシャ文明の中心地として栄えた。
「文化」「芸術」の都として、ヨーロッパ文明の源になった都市。

Republic of Hungary

24 Hungary

ハンガリー

ヨーロッパ中部の国家。
多民族国家で、自らを「マジャール人」と名乗る。
古くから温泉文化が根付き、なかでもヘービーズ温泉湖は
湖全体が温泉で世界最大級。

2401 ブダペスト *Budapest*

ハンガリー中北部に位置する同国の首都。「ドナウのバラ」と呼ばれる美しい街並みで知られる。
まちの中心部を、ボルガ川に次いでヨーロッパで2番目に長いドナウ川が流れる。

2402 ブダペスト・王宮の丘ケーブルカー *Budapest Castle Cabie Car*

ドナウ川を中心にブダとペストの2つの分かれる町を結ぶくさり橋。
ブダ側のたもとにあるクラルク・アーダーム広場の奥に王宮の丘へ登るケーブルカーがある。

2403 ブダペスト・登山鉄道 *Budapest Mountain Railway*

ブダペストにある登山鉄道。セール・カールマーン広場からこの電車に乗って終点まで行くと、子ども鉄道に乗り換える。
そこから山道を登ると、山頂のエルジェーベト展望台に着く。

2404 デブレツェン *Debrecen* ハンガリー東部の商工業都市。同国第2の都市。穀物や牛、豚などの農業がさかん。

2405 ミシュコルツ *Miskolc* ハンガリー北東部の都市。かつては工業都市として栄え、製鉄、機械工業で発展した。
現在は、皮革製品や磁器などの生産に力を入れている。

2406 セゲド *Szeged* ハンガリー南部の河港都市。ティサ川沿いにある。
大聖堂のパイプオルガンは、ミラノの大聖堂に次いで世界第2位の大きさ。サラミソーセージ、パプリカが特産品。

25
Republic of India

インド

南アジアに位置する国家。
世界最大のヒンズー教の国で、世界第1位の人口をもつ。
近年はソフトウェア産業に力を入れる。映画の制作本数も世界一。

2501 コルカタ *Kolkata*

インド北東部の都市。1911年にデリーに移るまで、イギリス領インドの首都で、イギリスの植民地経営の拠点となった。
2001年にカルカッタからコルカタに名称を変更。

アイルランド

ヨーロッパの西、アイルランド島の大部分を占める国家。
1922年にイギリスから独立。国土の大半が広大な牧草地。
一面に広がる緑色から「エメラルドの島」と呼ばれる。

2601 ダブリン *Dublin*

アイルランド島東部、ダブリン湾に面している。同国の首都で、人口の約4分の1はこの町に住む。
パブ文化のまちとして知られ、1000軒近くのパブがある。

イスラエル

1948年に独立を宣言したユダヤ人が多数派の国家。地中海の東岸に位置し、
北にはレバノン、東にはシリア、ヨルダン、南にはエジプトがある。

2701 エルサレム *Jerusalem*

ユダヤ教、イスラム教、キリスト教の聖地となっている。
イスラエルは同国の首都としているが、国際社会では首都と認められていない。

28 Italian Republic
イタリア

南ヨーロッパに位置する国家。
イタリア半島とサルデーニャ島、シチリア島からなる。
ピザ、パスタをはじめとするイタリア料理は有名。

2801 ビエッラ *Biella*

イタリア北西部、ピエモンテ州の都市。巡礼地「オローパ」には、黒いマドンナ像が安置されている。
高級毛織物の産地として有名。

2802 ボルツァーノ *Bolzano*

イタリア北東部に位置する、トレンティーノアルト・アディジェ自治州の州都。
サレンティーナ渓谷を望む要塞「ロンコロ城」があるまちとして有名。

2803 フィレンツェ *Firenze*　イタリア中部、トスカーナ州の都市。ルネサンス文化の中心。
ファッションメーカーの「グッチ」、「フェラガモ」の本社がある。

2804 ジェノヴァ *Genova*　イタリア北西部、リグリア州の都市。ジェノヴァ湾に臨む同国最大の貿易港。地中海最古の港の一つで、中世から東方貿易の中継地として繁栄した。

2805 ジェノヴァ・登山鉄道 *Genova Mountain Railway*　イタリア北部ジェノヴァ郊外にある登山鉄道。リンチペ・グラナローロ鉄道といい、プリンチペ駅と、山上の集落であるグラナローロを結ぶ。

2806 メッシナ *Messina*　イタリア南部、シチリア島北東端のメッシナ海峡に面した港湾都市。
レモン、オリーブ、かんきつ類などの農産物、食品工業がさかん。造船所もある。

2807 ミラノ *Milano*　イタリア北部、ロンバルディア州にある国内最大の工業都市。
レオナルド・ダ・ヴィンチの「最後の晩餐（ばんさん）」の壁画があるサンタ・マリア・デッレ・グラツィエ教会が有名。

2808 ナポリ *Napoli*　イタリア南部、カンパニア州の港湾都市。近くにカプリ島、ベズビオ火山、ポンペイの遺跡などがあり、街に点在する名所の美しさから「ナポリを見て死ね」の格言がある。

2809 パドヴァ *Padova*　イタリア北東部、ベネト州の商工業都市。ガリレイも教壇に立ったパドヴァ大学には、世界最古の植物園がある。
シェークスピアの戯曲「じゃじゃ馬ならし」の舞台。

2810 ローマ *Roma*

イタリア半島中央部、ラツィオ州の都市。同国の首都で、かつてのローマ帝国の首都。
コロッセオ、パンテオンなど古代ローマの遺跡は多くの観光客でにぎわう。

2811 サッサリ *Sassari*　イタリア半島西部のサルデーニャ島、サルデーニャ自治州にある都市。13世紀にはピサ商人が進出した商業がさかんな町。サッサリ大聖堂が有名。

2812 トリノ *Torino*　イタリア北西部、ピエモンテ州の都市。同国の自動車産業の中心地。自動車メーカー「フィアット」の本社が置かれている。

2813 トレント *Trento* イタリア北東部、トレンティーノ・アルト・アディジェ州の都市。1929年からトレント大司教座が置かれている。ブドウ栽培がさかん。

2814 トリエステ *Trieste* イタリア北東部、フリウリ・ヴェネチア・ジュリア州の都市。スロベニアの国境近くにある。造船、石油精製などの工業がさかん。

2815 ヴェネチア・メストレ *Venezia Mestre*

メストレはイタリア北東部にあるヴェネチア市の一地区で、ヴェネチア本島との間には橋が架けられている。ヴェネチア・メストレ駅は鉄道網の拠点駅となっている。

日本

東アジアに位置する国家。北海道、本州、四国、九州および周辺諸島からなる島国。
北はオホーツク海、東と南は太平洋、西は日本海と東シナ海に面する。世界有数の経済大国。

2901 銚子 *Choshi*　千葉県北東部の都市。古くから港町として栄える。銚子漁港は日本一の水揚げ量を誇る。しょうゆ醸造でも知られる。

2902 江ノ島電鉄 *Enoden*　江ノ島電鉄は神奈川県藤沢市と鎌倉市を結ぶ鉄道で通称「江ノ電」。観光スポットの湘南エリア、江の島を望む。

2903　福井 *Fukui*　福井県北部の都市で県庁所在地。一乗谷城を拠点とした戦国大名・朝倉氏の一乗谷朝倉氏遺跡が有名。

2904 岐阜 *Gifu* 岐阜県中南部の都市で、県庁所在地。岐阜城はまちのシンボル。

2905 函館 *Hakodate* 北海道南部の都市。幕末に国際貿易港として開港し、異国情緒豊かな街並みが残る。

2906 箱根 *Hakone* 箱根町は神奈川県西部の町。
箱根登山鉄道のうち、箱根登山電車は箱根湯本〜強羅（ごうら）間を結び、箱根登山ケーブルカーは強羅〜早雲山間を結ぶ。

2907 広島 *Hiroshima* 広島県西部の都市で、県庁所在地。戦争の記憶を今に伝える原爆ドームは世界遺産に登録されている。

2908 博物館明治村 *Museum Meijimura*

愛知県北部の犬山市にある野外博物館。
1923年竣工の旧帝国ホテル中央玄関ほか有名建築物が移築保存されている。

2909 鹿児島 *Kagoshima*

鹿児島県中部の都市で県庁所在地。
旧鹿児島紡績所技師館は世界文化遺産「明治日本の産業革命遺産」に登録されている。

2910 北九州 *Kitakyushu*　福岡県北部の都市。関門海峡に面し、九州の玄関口として発展してきた。
1901年に操業を開始した「官営八幡製鐵所」は、世界遺産に登録されている。

2911 高知 *Kochi*　高知県中部の都市で県庁所在地。
坂本龍馬の生まれ故郷としても知られ、太平洋を見つめる銅像や貴重な資料を所蔵する記念館など名所が多い。

2912 熊本 *Kumamoto*　熊本県北部の都市で県庁所在地。加藤清正が築城した熊本城は、名城のひとつ。
美しい庭園として知られる水前寺成趣園は桜の名所として知られる。

2913 京都 *Kyoto*　京都府南部の都市で、府庁所在地。1000年を超える古都であり、日本を代表する歴史文化都市。
世界遺産に登録された寺院や神社が数多くある。

2914 京都梅小路 *Kyoto Umekoji*

京都市内の梅小路公園の中を電車が走る。
電車は「すざくゆめ広場」と「市電ひろば」の間（片道210メートル）を往復する。

2915 松山 *Matsuyama*

愛媛県中部の都市で県庁所在地。四国最大の都市。標高132メートルの勝山に築かれた松山城は現存12天守のひとつ。
桜の名所としても有名。

2916 長崎 *Nagasaki* 　長崎県南部の都市で県庁所在地。世界平和への願いを込めてつくられた平和公園は多くの人が訪れる。
グラバー園、大浦天主堂など異国情緒漂う名所も多い。

2917 岡山 *Okayama*　岡山県南東部の都市で、県庁所在地。
宇喜多秀家が築城した岡山城や日本三名園の一つである岡山後楽園などの名所が知られる。

2918 大阪 *Osaka*　大阪府の府庁所在地で、人口は東京都、横浜市に次ぐ第3の都市。大阪城はまちのシンボル。
江戸時代には経済の中心地として、「天下の台所」といわれた。

2919 大津 *Otsu* 　滋賀県の南西にある県庁所在地。日本最大の湖である琵琶湖と比叡山をはじめとする風光明媚な景観が特徴。
延暦寺、日吉大社など国宝、重要文化財も数多い。

2920 札幌 *Sapporo*

北海道の道庁所在地。1869 年（明治 2 年）の開拓使設置以来、北海道開拓の拠点として発展してきた。
1972 年に冬季五輪、2021 年開催の東京五輪ではマラソンと競歩が行われた。

2921 高岡 *Takaoka*　富山県北西部にある都市。
奈良や鎌倉の大仏と並ぶ日本三大仏の一つといわれている高岡大仏や桜の名所として知られる高岡古城公園が有名。

2922 都電荒川線 *Toden Arakawa Line*

東京に残る唯一の都電で、愛称は東京さくらトラム。
東京都荒川区の三ノ輪橋と新宿区の早稲田を結ぶ。

2923 東急世田谷線 *Tokyu Setagaya Line*

東京都世田谷区にある東急電鉄の軌道線。三軒茶屋と下高井戸を結ぶ。沿線には、豪徳寺、世田谷城阯公園、松陰神社など名所も数多い。

2924 富山ライトレール *Toyama Light Rail*

富山県のほぼ中央に位置する県庁所在地。まちの北側は富山湾に面し、東側は3000メートル級の北アルプス立山連峰が広がる。2015年開館のガラス美術館は人気を集めている。

2925 富山 *Toyama*

富山県中央に位置する県庁所在地。くすりとガラスのまちと知られる。
300年以上の歴史を持つ越中富山の薬売り、複合施設「TOYAMAキラリ」内にある富山市ガラス美術館などが有名。

2926 豊橋 *Toyohashi*　愛知県南東部の都市。江戸時代には城下町、宿場町として栄え、現在は東海道新幹線の停車駅として知られる。

2927 宇都宮 *Utsunomiya*　栃木県中部に位置する県庁所在地。ご当地グルメの宇都宮餃子が有名。
2023年にJR宇都宮駅東口から芳賀・高根沢工業団地までを結ぶLRTが開業。

カザフスタン

中央アジア北部の国家。西はカスピ海に、東は中国に接する。1991年に旧ソ連から独立。
1957年に人類初の人工衛星が打ち上げられたバイコヌール宇宙基地がある。

3001 アルマトイ *Almaty*

カザフスタン南東部にある工業都市。同国最大の都市で、1991年に同国が旧ソ連から独立してから1997年まで同国の首都。まちの南には天山山脈がそびえる。

3002 オスケメン *Oskemen*

カザフスタン東部、東カザフスタン州の工業都市。
旧称ウスチ・カメノゴルスク。鉛、亜鉛、チタン、マンガンコンビナートがある。

3003 パブロダール *Pavlodar*　カザフスタン北東部、パブロダール州にある工業都市。
建設工業コンビナートや機械製作、アルミ製錬、船舶修理の工場がある。

3004 テミルタウ *Temirtau*　カザフスタン中央部、カラガンダ州の工業都市。カラガンダ炭田を中心とするカラガンダ冶金コンビナートがある。

大韓民国

東アジア、朝鮮半島の北緯38度線以南を占める国家。
仏教や儒教が朝鮮半島から伝わるなど、日本とは古くから交流がある。

3101 坡州 *Paju*　韓国ソウル北西部に位置する都市で、北朝鮮との軍事境界線に接している。

ラトビア

ヨーロッパ北東部、バルト海に面する
リトアニア、エストニアとともにバルト三国と呼ばれる。1991年に旧ソ連から独立。
スパイ用小型カメラ「ミノックス」は同国で第1号機が作られた。

3201 ダウガフピルス *Daugavpils* ラトビア東南端に位置する都市。ダウガヴァ川沿いでリトアニア、ベラルーシとの国境近くにある。同国第2の都市。

3202 リエパーヤ *Liepaja* ラトビア南西部にある商工業都市。バルト海に面し、中世にはリバウと呼ばれ、商業港として栄えた。魚肉缶詰、木材加工、金属冶金がさかん。

3203 リガ *Riga*　ラトビア中央にある同国の首都。バルト三国最大の都市。街並みの美しさから「バルト海の真珠」とたたえられる。
旧市街のリガ城、リガ大聖堂などは世界遺産に登録されている。

33 マレーシア
Malaysia

東南アジア、マレー半島南部とカリマンタン島北部からなる。
マレー系、中国系、インド系といった多民族国家。
天然資源が豊富で、石油や天然ガス、天然ゴム、スズ鉱などの産出国である。

3301 クアラルンプール *Kuala Lumpur*

マレー半島南部に位置するマレーシアの首都で、同国最大の都市。イギリスの植民地時代にスズの採掘拠点として発展。緑に覆われた街並みから、「庭園の中にある町」と呼ばれる。

メキシコ

北アメリカ大陸の南部に位置する国家。
国土の70%が砂漠と山地で、中央には標高1500メートル以上の高原がある。
テオティワカン遺跡などマヤ文明やそれ以前の遺跡が数多い。

3401 グアダラハラ *Guadalajara*

メキシコ中西部、ハリスコ州の都市。同国第2の都市。歴史的建造物が多く「西部の真珠」とよばれる。
標高1560メートルの高原にあり、リゾート地としても有名。

3402 メキシコシティ *Mexico City*

メキシコ中央部、連邦州にある同国の首都。標高2260メートルの高原にある。
同国の政治、経済、文化の中心で、首都圏人口は2200万人を超える中南米最大の都市。

3403 モンテレイ *Monterrey*　メキシコ中央部、ヌエボ・レオン州の都市。製鉄、鉄鋼、化学などがさかんな工業都市。
同国を代表するビール醸造地。

35
Kingdom of Morocco

A

モロッコ

アフリカ北西部に位置する国家。
北大西洋、地中海に面する。
国土の約6割をサハラ砂漠が占めている。

3501 カサブランカ *Casablanca*

モロッコ中北部にある同国最大の都市。1907年にフランスに占領され、植民地経営の中心地となる。
アフリカ最大のモスク「ハッサン2世モスク」が有名。リン鉱石が最大の輸出品。

3502 ラバト *Rabat*　モロッコ北部にある同国の首都で政治の中心地。大西洋に面し、緑に囲まれ整然とした街並みから「庭園都市」とも呼ばれる。
旧市街と新市街のいずれもが世界遺産に登録されている。

36 オランダ

Kingdom of the Netherlands

西ヨーロッパに位置する国家。
国土の約4分の1が海面より低い堤防に囲まれた干拓地。
ゴッホ、レンブラントなど多くの画家を生んだ国としても知られる。

3601 アムステルダム *Amsterdam*

オランダ西部、北ホラント州の都市。同国の首都で、最大の都市。首都であるが、国会、政庁など首都
機能のほとんどはデン・ハーグにある。まちはアムステルダム中央駅を基点に放射状に広がる。

181

3602 アーネム *Arnhem*

オランダ南東部、ヘルデルラント州の都市。近郊にデホーヘフェルウェ国立公園がある。
同公園内にゴッホのコレクションで知られるクレラー・ミュラー美術館がある。

3603 デルフト *Delft*

オランダ南西部の都市。デン・ハーグと隣接する。
ルネサンス様式の市庁舎や17世紀の画家でヤン・フェルメールの風景画「デルフトの眺望」で知られる。

3604 デン・ハーグ *Den Haag*

オランダ南西部、南ホラント州の都市。北海沿岸に位置する。
王室、政府、議会、最高裁判所などがあり、事実上のオランダの首都。国際司法裁判所がある。

3605 アイントホーフェン *Eindhoven*

オランダ南端部に位置する工業都市。同国を代表する電機メーカー「フィリップス」の創業の地として知られる。芸術のまちとしても知られ「デザインシティ」の名も。

3606 ロッテルダム *Rotterdam*　オランダ南西部、南ホラント州の都市。ヨーロッパの玄関口とよばれる世界最大規模の貿易港。世界最大の鉄鋼メーカー「ミッタル・スチール」の本社がある。

3607 ユトレヒト *Utrecht*　オランダ中部、ユトレヒト州の商工業都市。ライン川の支流ベヒト川に面する。1254年に造られた高さ112mの大聖堂の塔は、同国で最も高い教会の塔である。

ニュージーランド

南西太平洋のポリネシアに位置する国家。
温暖な気候を生かした牧畜がさかん。産業の中心は農業や牧畜。
国技のラグビーをはじめクリケット、ゴルフなどスポーツがさかん。

3701 クライストチャーチ *Christchurch*

ニュージーランド南島最大の都市。
イギリス風の緑に囲まれた街並みから、「ガーデンシティ」とも呼ばれる。

3702 フェリーミード歴史公園 *Ferrymead Heritage Park*

クライストチャーチの東にある歴史公園。自動車博物館、消防博物館、飛行機の展示、モデル鉄道から構成される。

3703 ウェリントン・ケーブルカー *Wellington Cable Car*

ニュージーランド北島の南西端に位置する同国の首都。クック海峡からの強い風が吹くため、「風のまち」とも呼ばれる。
ケーブルカーはビクトリア山の山頂まで人々を運ぶ。

3704 ウェリントン路面電車博物館 *Wellington Tramway Museum*

クイーンエリザベスパーク内にあるウェリントン路面
電車博物館では、レトロな路面電車が走る。

38

ノルウェー

北ヨーロッパのスカンディナビア半島西側に位置する国家。
氷河が削った深い谷に海水が流れ込んでできたフィヨルドの景観は観光客に人気。
海運業と漁業がさかん。

3801 ベルゲン *Bergen*

ノルウェー南西部、北海に面する港湾都市。北海油田開発の拠点で、ヨーロッパ有数の漁業基地でもある。
フィヨルド観光の玄関口。

3802 オスロ *Oslo* ノルウェー南東部に位置する同国の首都で、最大の都市。不凍の良港で、北海とバルト海を結ぶ交通の要地。ノーベル平和賞の授与式は市内にあるオスロ市庁舎で行われる。

3803 トロンヘイム *Trondheim* ノルウェー中部、南トレンデラーグ県の港湾都市。同国第3の都市。木材、鉄鉱石、水産物の積出港。ニダロス大聖堂はしばしば王の即位式場となった。

39
Republic of the Philippines

フィリピン

東南アジアに位置する国家。アジア唯一のカトリック教国。
一年中暖かく、バナナ、パイナップル、マンゴーなどさまざまなフルーツが輸出されている。

3901 マニラ *Manila*

フィリピンルソン島南西部、マニラ湾に臨む都市で同国の首都。周辺人口は2200万人を超える。
近年急速に発展が進む一方で、一角には人口が密集するスラム街も。

ポーランド

中央ヨーロッパに位置する国家。世界有数の石炭産出国。
コペルニクス、ショパン、マリー・キュリーらを輩出した。
ポロネーズやマズルカなどの舞曲発祥の地でもある。

4001 ビドゴシュチ *Bydgoszcz*

ポーランド中北部、ビスワ川支流のブルダ川沿いにある都市。
穀物や木材の集散地で、機械、車両、化学、繊維などの工業がさかん。

4002 チェンストホバ *Czestochowa*

ポーランド南部、ヴァルタ川沿いにある工業都市。鉄鉱石の産出地として知られる。
多くの巡礼者が訪れるヤスナグラ修道院は、「黒いマドンナ」と称される聖母画で有名。

4003 エルブロンク *Elblag* ポーランド北部の都市。機械工業、蒸気タービン、船舶部品、自動車部品産業などがさかん。

4004 グダニスク *Gdansk* ポーランド北部の都市。同国最大の貿易港。造船、化学工業がさかん。
1939 年にドイツが侵入し、第 2 次世界大戦が始まった場所。

4005 ゴジュフ・ヴィエルコポルスキ *Gorzow Wielkopolski*　ポーランド西部の都市。化学、製薬工業がさかん。

4006 グルジョンツ *Grudziadz*　ポーランド中北部の都市。合成ゴムの大工場があり、同国のゴム製靴の拠点。
農業機械や建設資材の製造もさかん。

4007 カトヴィツェ *Katowice* ポーランド南部の都市。重工業都市として知られ、炭鉱、鉄鋼、亜鉛、鉛などの機械工業がさかん。

4008 クラクフ *Krakow* ポーランド南部の都市。バベル城、バベル大聖堂などの「クラクフ歴史地区」は世界遺産にも登録されている。
映画「シンドラーのリスト」の舞台となった。

4009 ウッチ *Lodz* ポーランド中央部の都市。同国第2の都市。同国最大の工業都市で、綿工業、羊毛工業、絹織物工業など
ヨーロッパ最大の繊維工業地帯。

4010 ポズナン *Poznan* ポーランド中西部の都市。穀倉地帯の中央にあり、文化、学術、商工業の中心地。
ポーランド最古の都市の一つで、中世ポーランド王国の最初の首都。

4011 シュチェチン *Szczecin*　ポーランド北西部の都市。造船業、機械化学工業がさかんな港湾都市。
シュチェチン湖を経てバルト海に通じ、ベルリンと運河で結ばれる。

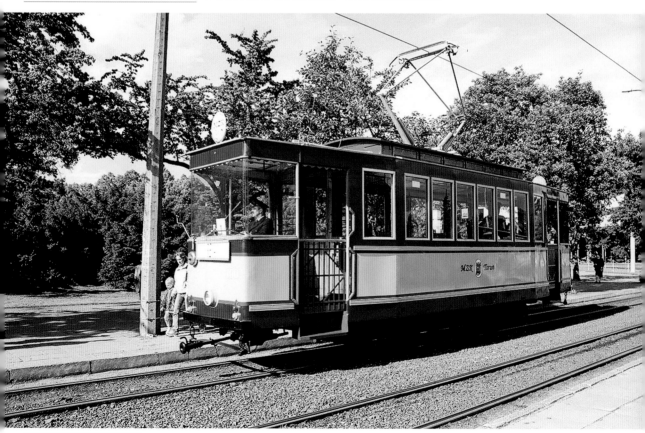

4012 トルン *Torun*　ポーランド中北部の都市。旧市庁舎、聖ヨハネ教会、聖母マリア教会、倉庫群など旧市街が世界遺産に登録されている。
コペルニクスの生家がある。

4013 ワルシャワ *Warszawa*　ポーランド中東部にある同国の首都。一度ナチスに破壊されたが、市民の手で「壁のひび一本にいたるまで」街並みを再現。復元遺産としては初めて世界遺産に登録された。

4014 ヴロツワフ *Wroclaw*　ポーランド南西部にある都市。天然資源が豊富なシロンスク地方の中心都市。オーデル川の中流にあり、運河に囲まれた「水の都」として知られる。

ポルトガル

西ヨーロッパのイベリア半島に位置する国家。農業国でポートワイン、オリーブ、コルクなどを輸出。
タバコ、カステラ、ピーマンなど日本語になったポルトガル語も多い。

4101 アルマダ *Almada*
ポルトガル南西部の都市。西は大西洋に面している。高さ75メートルのカトリックの記念碑「クリスト=レイ像」が有名。

4102 リスボン *Lisbon*
ポルトガル南西部に位置する同国の首都。急坂だらけで、起伏に富む地形から、「七つの丘の都」と呼ばれる。
1497年にヴァスコ・ダ・ガマはこの町からインドへ旅立った。

4103 リスボン・ケーブルカー *Lisbon Cablecar*

リスボン名物の路面電車とケーブルカー。坂の多いまちをゆっくりと登る。
「Lavra ／ラヴラ線」「Gloria ／グロリア線」「Bica ／ビッカ線」に分かれる。

4104 ポルト *Porto*　ポルトガル北西部にある、同国第2の都市。ブドウ酒のポートワインの集散地として、世界的に有名。

4105 ポルト・メトロ *Porto Metro*

ポルト・メトロは、ポルト市内に存在するライトレールや地下鉄。
ユーロトラムと呼ばれる流線形のライトレールが走る。

4106 シントラ *Sintra*

ポルトガル南西部の都市。森に囲まれた町並みの美しさを、イギリスの詩人バイロンが「エデンの園」とたたえた。
ユーラシア大陸最西端のロカ岬への観光の拠点。急な坂が多い。

ルーマニア

ヨーロッパ南東部、黒海に面する国家。ドラキュラの伝説でも知られる。
1989年のルーマニア革命で、チャウシェスク大統領が処刑され、独裁体制が崩壊した。

4201 アラド *Arad* 　ルーマニア西部の都市。ハンガリーとの国境に近くにある。ブドウや木材の集散地でもある。
ルーマニア正教会の主教座が置かれている。

4202 ボトシャニ *Botosani* 　ルーマニア北東部の都市。農産物の集散地。綿花、羊毛、繊維工業がさかん。
ドイツのマクデブルク、ドレスデンからの譲渡車両が多いようだ。

4203 ブライラ *Braira*　ルーマニア南東部の河港都市。ドナウ川下流の左岸に位置する。造船、製鉄、輸送機械、セルロースなどの工業がさかん。

4204 ブラショヴ *Brasov*　ルーマニア中央部の都市。近郊にドラキュラで有名なブラン城がある。

4205 ブカレスト *Bucuresti*　ルーマニア南部にある同国の首都。美しい街並みは第2次世界大戦により失われた。
チャウシェスク独裁時代の宮殿「国民の館」は現在、国会議事堂として使われている。

4206 クルージュ・ナポカ *Cluj Napoca*　ルーマニア北西部の都市。機械、繊維工業がさかん。
ルーマニア正教会の大聖堂であるクルージュ・ナポカ正教大聖堂がある。

4207 コンスタンツァ *Constanta*　ルーマニア南東部の都市。ドナウ川から黒海にいたる運河の入り口に位置する。
ローマの詩人オヴィディウスの記念碑がある。

4208 **クラヨーヴァ** *Craiova* ルーマニア南部の都市。電気、化学、肥料工業などがさかん。

4209 **ガラツィ** *Galati* ルーマニア東部の都市。ドナウ川最大の河港。鉄鋼業がさかんで同国最大の製鉄のまち。

4210 ヤーシ *Iasi*　ルーマニア北東部に位置する同国第2の都市。モルドバ共和国との国境近くにある。
聖ニコラエドムネスク教会、三聖人教会などの歴史的建造物がある。

4211 オラデア *Oradea*　ルーマニア北西部の都市。ハンガリーとの国境に位置し、同国の西ヨーロッパへの玄関口となっている。
温泉保養地としても有名。

4212 プロイエシュティ *Ploiesti* ルーマニア南東部の都市。油田地帯の中心都市。製油、石油化学工業がさかん。

4213 レシツァ *Resita* ルーマニア西部の都市。鉄鋼、耐火煉瓦製造などがさかん。

4214 シビウ *Sibiu*

ルーマニア中央部の都市。
旧市街にあるシビウ大聖堂には、高さ70メートル以上の尖塔や6000本もの管をもつパイプオルガンがある。

4215 ティミショアラ *Timisoara*

ルーマニア西部の都市。ハンガリー、セルビアとの国境近くに位置する。
チャウシェスク政権に対する最初の抗議運動が起きた地として知られる。

ロシア

ユーラシア大陸北部に位置する国家。世界最大の面積を持つ。
面積の約半分は針葉樹林帯「タイガ」。
北部は凍結した「ツンドラ」で、南部には草原地帯の「ステップ」が広がる。

4301 アチンスク *Achinsk*

ロシア連邦中部、クラスノヤルスク地方の都市。近郊にカンスク - アチンスク炭田がある。
アルミナ（酸化アルミニウム）製造、セメント製造がさかん。

4302 アンガルスク *Angarsk*

ロシア連邦、シベリア南東部のイルクーツク州にある都市。バイカル湖西部の工業都市。
近郊に製油所があり、石油化学コンビナートがある。

4303 アルハンゲリスク *Arkhangelsk*　ロシア連邦西部、アルハンゲリスク州の都市。同国最大の木材や木材加工品の輸出港。
北極海航路の西ターミナルで、漁業もさかん。

4304 アストラハン *Astrakhan*　ロシア連邦アストラハン州の都市。カスピ海北岸、ボルガ川三角州上の河港都市。
カスピ海の海運、漁業の中心で、キャビアの生産地。

4305　バルナウル *Barnaul*　ロシア連邦アルタイ地方の都市。オビ川の河港都市。冶金、機械、繊維、皮革などの工業が行われる。

4306　ビースク *Biysk*　ロシア連邦アルタイ地方の都市。機械、繊維、木材工業がさかん。

4307 チェリャビンスク *Chelyabinsk*　ロシア連邦チェリャビンスク州の都市。ウラル山脈の南東麓にある。
鉄鋼、機械、冶金、化学などの工業がさかん。同国最大のトラクター工場がある。

4308 チェレポヴェツ *Cherepovets*　ロシア連邦ボログダ州の工業都市。鉄鋼業の中心地として発展した。

4309 ジェルジンスク *Dzerzhinsk*　ロシア連邦ニジニ・ノヴゴロド州の都市。化学工業の中心地として発展。
冷戦期には化学兵器の製造拠点だった。

4310 イルクーツク *Irkutsk*　ロシア連邦イルクーツク州の都市。バイカル湖まで車で1時間ほど。
東シベリアの中心地。第2次世界大戦後、日本軍兵士のシベリア抑留地の一つ。

4311 イヴァノヴォ *Ivanovo*　ロシア連邦イヴァノヴォ州の都市。繊維工業、機械工業がさかん。
路線の近くにマーケットがあり、のみの市が開かれていた。

4312 イジェフスク *Izhevsk*　ロシア連邦ウドムルト共和国の都市。機械工業、兵器工業がさかん。
ミハイル・カラシニコフがAK-47を設計した兵器工場がある。

4313 カリーニングラード *Kaliningrad* ロシア連邦カリーニングラード州の都市。バルト海に面する港湾都市。
ネックレス、ペンダントなどに利用される琥珀の産地として知られる。

4314 カザン *Kazan* ロシア連邦タタールスタン共和国の首都。ボルガ川左岸にある河港都市。機械、化学、金属などの工業がさかん。

4315 ケメロヴォ *Kemerovo*　ロシア連邦ケメロヴォ州の都市。同州の州都。同国有数のクズバス炭田の鉱工業都市の一つ。
化学工業、機械工業がさかん。

4316 ハバロフスク *Khabarovsk*　ロシア連邦ハバロフスク地方の都市。ウスリー川とアムール川の合流地点に位置する。
1858年に国境警備基地が創設されて以来、極東進出の拠点として発展。

4317 コロムナ *Kolomna*

ロシア連邦モスクワ州の都市。
旧ソ連で最初の機関車製造工場があり、現在もディーゼル機関車工場に引き継がれている。

4318 コムソモリスク・ナ・アムーレ *Komsomolsk-Na-Amure*

ロシア連邦ハバロフスク地方の都市。アムール川下流左岸の工業都市。ハバロフスクからバスで北に5時間ほど。
航空機製造、冶金、機械、石油精製がさかん。

4319 クラスノダール *Krasnodar* ロシア連邦クラスノダール地方の都市。農牧業の中心で、工作機械、製油工業がさかん。

4320 クラスノトゥリインスク *Krasnoturinsk* ロシア連邦スヴェルドロフスク州の都市。ボーキサイト、アルミニウム工業がさかん。

4321 クラスノヤルスク *Krasnoyarsk* ロシア連邦クラスノヤルスク地方の工業都市。19世紀には政治犯の流刑地とされ、レーニンもこの町に流された。第2次世界大戦後は軍事都市として発展した。

4322 クルスク *Kursk* ロシア連邦クルスク州の都市。1943年、第2次世界大戦中最大といわれる独ソ両軍による戦車戦の地。世界的な磁気異常地域としても知られる。

4323 リペツク *Lipetsk* 　ロシア連邦リペツク州の都市。鉄分を含んだ鉱泉があり、1805年に開設された同国最古の湯治湯がある。
鉄鋼、トラクターなどの工場がある。

4324 マグニトゴルスク *Magnitogorsk* 　ロシア連邦チャリャビンスク州の都市。ウラル山脈南部の東麓に位置する。
国内最大規模の鉄鋼コンビナートがある。

4325 モスクワ・ドミトロフスカヤ *Moscow Dmitrovskaya*

ロシア連邦モスクワ州の都市で、同国の首都。大統領官邸が建つクレムリンを中心に発展した都市。
赤の広場、聖ワシーリ大聖堂、ボリショイ劇場など歴史的建造物が多い。

4326 モスクワ・レーニンスキープロスペクト *Moscow Leninsky Prospekt*　モスクワ地下鉄の駅の名前。

4327 ナベレジヌイエ・チェルヌイ　*Naberezhnye Chelny*

ロシア連邦タタールスタン共和国の工業都市で、首都カザンに次ぐ第2の都市。自動車製造工業がさかんで、ロシア自動車大手ソラーズの主力工場がある。

4328 ニジネカムスク　*Nizhnekamsk*　ロシア連邦タタールスタン共和国の都市。石油精製、石油化学工業がさかん。

4329 ニジニ・ノヴゴロド *Nizhny Novgorod*　ロシア連邦ニジニ・ノヴゴロド州の都市。ボルガ川とオカ川との合流点に位置する。自動車工業がさかん。

4330 ニジニ・タギル *Nizhny Tagil*　ロシア連邦スヴェルドロフスク州の工業都市。ウラル山脈東麓にある。同国の大手鉄鋼グループ「エブラズ・グループ」の製鉄工場がある。

4331 ノギンスク *Noginsk*　ロシア連邦モスクワ州の都市。モスクワから東に30キロ。食品工業がさかん。

4332 ノヴォチェルカッスク *Novocherkassk*　ロシア連邦ロストフ州の都市。
電気機関車やディーゼル機関車などを生産する機関車工場がある。

4333　ノヴォクズネツク　*Novokuznetsk*　ロシア連邦ケメロヴォ州の都市。クズバス炭田の工業都市の一つ。冶金、化学工業がさかん。

4334　ノヴォシビルスク　*Novosibirsk*　ロシア連邦ノヴォシビルスク州の都市。シベリア開発の中心地。計画的に設計された街並みは「シベリアのシカゴ」と呼ばれる。

4335 ノヴォトロイツク *Novotroitsk* ロシア連邦オレンブルク州の都市。ウラル山脈の南端にある。冶金工業がさかん。

4336 オムスク *Omsk* ロシア連邦オムスク州の都市。中部西シベリアにある商工業都市。機械工業、冶金、石油化学工業がさかん。
作家ドストエフスキーが流刑された地。

4337 オリョール *Orel*　ロシア連邦オリョール州の都市。機械工業のほか紡績、製靴などがさかん。作家ツルゲーネフの生地。

4338 オルスク *Orsk*　ロシア連邦オレンブルク州の都市。ウラル山脈南端、アジアとヨーロッパの境界であるウラル川にまたがっている。冶金、機械、石油化学などの工業がさかん。

4339 オシンニキ *Osinniki*　ロシア連邦ケメロヴォ州の都市。中央シベリア高原南西端にある炭鉱都市。

4340 ペルミ *Perm*　ロシア連邦ペルミ地方の都市。ウラル山脈西麓のカマ川に面する。製油、石油化学、機械などの工業がさかん。

4341 プロコピエフスク *Prokopyevsk*　ロシア連邦ケメロヴォ州の都市。西シベリア、クズネック炭田のコークス用石炭の産地。石炭業によって発展し、鉱山機械、ボールベアリングなどの工業がさかん。

4342 ピャチゴルスク *Pyatigorsk*　ロシア連邦スタブロポリ地方の都市。コーカサス鉱泉地帯の療養地、保養地として知られる。近くにマシューク山、はるかにエルブルス山を望む。

4343 ロストフ・ナ・ドヌー *Rostov-Na-Donu* ロシア連邦ロストフ州の都市。農業機械製造、皮革、製靴、食品工業がさかん。

4344 リャザン *Ryazan* ロシア連邦リャザン州の都市。オカ川とトルベジ川の合流点に位置する。工作機械、農業機械などの工業がさかん。生理学者パブロフの出生地。

4345 サラヴァト *Salavat*　ロシア連邦バシコルトスタン共和国の都市。ウラル山脈南端にある都市。石油化学、機械、建設資材工業がさかん。

4346 サマーラ *Samara*　ロシア連邦サマーラ州の都市。宇宙船「ソユーズ」や人工衛星の開発や製造など航空宇宙産業の中心都市。
プガチョフの乱の発生地。町全体に清潔感があった。

4347 サンクト・ペテルブルク *Sankt Petersburg*

ロシア連邦レニングラード州にある同国第2の都市で、かつてのロシア帝国の首都。エルミタージュ美術館などの歴史地区は世界遺産に登録されている。
世界有数の芸術の都としても知られる。

4348 サラトフ *Saratov*

ロシア連邦サラトフ州の都市。ボルガ川右岸にある河港都市。1965年までヨーロッパ最長の橋梁だったサラトフ橋がある。
精密機械、石油精製工業がさかん。

4349 スモレンスク *Smolensk*　ロシア連邦スモレンスク州の都市。ドニエプル川に面する。ナポレオン戦争や第2次世界大戦における激戦地。電子工業、繊維産業、食品産業がさかん。

4350 スタルイ・オスコル *Stary Oskol*　ロシア連邦ベルゴロド州の都市。オスコル川に沿う。鉄鉱石の産地。鉄鋼、機械、セメントなど工業がさかん。

4351 タガンログ *Taganrog*　ロシア連邦ロストフ州の都市。アゾフ海に面し海軍基地として発展。金属加工、自動車製造などがさかん。劇作家、チェーホフの生家があり、博物館になっている。

4352 トムスク *Tomsk*　ロシア連邦トムスク州の都市。オビ川の支流、トミ川に沿う。シベリア最古の町の一つで軍事拠点として発展。

4353 トゥーラ *Tula*　ロシア連邦トゥーラ州の都市。兵器工場の建設で発展した。ポドモスクワ炭田の中心都市。製鉄、各種機械、化学などの工業がさかん。

4354 トベリ *Tver*　ロシア連邦トベリ州の都市。繊維、人工皮革、機械工業がさかん。近郊に同国を代表するカリーニン原子力発電所がある。

4355 ウファ *Ufa*　ロシア連邦、バシコルトスタン共和国の首都。ウラル山脈の鉱物資源を背景に、石油精製、石油化学工業などがさかん。

4356 ウラン・ウデ *Ulan-Ude*　ロシア連邦、シベリアのブリヤート共和国の首都。バイカル湖南東方75キロにある。
第2次世界大戦後は日本人捕虜の収容所が設けられた。

4357 ウリヤノフスク *Ulyanovsk*　ロシア連邦ウリヤノフスク州の都市。自動車、工作機械工業がさかん。レーニンの生地。以前はシンビルスクと呼ばれていた。

4358 ウソリエ・シビルスコエ *Usolye-Sibirskoye*　ロシア連邦イルクーツク州の都市。アンガラ川に沿い、シベリア鉄道が通る。塩の産地で、製塩業、化学工業が発展。近郊に鉱泉保養所がある。

4359 ウスチ・イリムスク *Ust-Ilimsk*　ロシア連邦イルクーツク州の都市。アンガラ川に沿い、1966年の水力発電所建設によってつくられた。木材コンビナート、建設資材業がさかん。

4360 ウラジオストク *Vladivostok*　ロシア連邦極東の都市。極東ロシアの拠点となる軍事都市として発展し、極東ロシアではハバロフスクと並ぶ中心都市。シベリア鉄道の終点で、日本海に面する。

4361 ヴォルチャンスク *Volchansk* ロシア連邦スヴェルドロフスク州の都市。ウラル山脈東側の都市。履物、繊維などの工場がある。

4362 ヴォルゴグラード *Volgograd* ロシア連邦ヴォルゴグラード州の都市。ボルガ川下流の右岸にある。
第2次世界大戦のスターリングラード攻防戦の激戦地。トラクター、冶金などの工業がさかん。

4363 ヴォルシスキー *Volzhskiy*   ロシア連邦ヴォルゴグラード州の都市。ボルガ川下流に面する。
化学コンビナートがあり、ベアリング、タイヤなどを生産している。

4364 ヴォロネジ *Voronezh*   ロシア連邦ヴォロネジ州の都市。ドン川支流のヴォロネジ川の河港都市。穀倉地帯で、食品産業がさかん。

4365 ヤロスラヴリ *Yaroslavl* ロシア連邦ヤロスラヴリ州の都市。ボルガ川沿いに位置する。旧市街は世界遺産に登録されている。
世界初の女性飛行士テレシコワの生地。路線の下をボルガ川が流れている。

4366 エカテリンブルク *Yekaterinburg* ロシア連邦スヴェルドロフスク州の都市。
戦略ミサイル配備基地や軍需機械工場など軍需産業の一大拠点。ニコライ２世が処刑された地。

4367 **ズラトウスト** *Zlatoust*　ロシア連邦チェリャビンスク州の都市。金属加工がさかん。

セルビア

南東ヨーロッパ、バルカン半島中西部の国家。旧ユーゴスラビアの政治・経済の中心地。
小麦、トウモロコシなどの生産地で、銅、鉛など地下資源も豊富。

4401 ベオグラード *Beograd*

セルビアの首都。旧ユーゴ以来の首都であり、同国の政治・経済の中心地。
バルカン半島の交通の要衝として発展。度重なる戦乱により、古い建物は失われた。

スロバキア

中央ヨーロッパの内陸部に位置する国家。
1993年にチェコと分かれて独立した。
国土の大半が山地で、農耕・牧畜がさかん。
ヨーロッパを代表するスキーリゾート。

4501 ブラチスラヴァ *Bratislava*

スロバキアの西部、ドナウ川に沿った河港都市。同国の首都。
ブラチスラヴァ城はかつてマリア・テレジアも居住していた古城で、現在は大統領官邸。

4502 コシツェ *Kosice*

スロバキア東部の都市。陶器や彫石など美術工芸品の町として知られる。
旧市街にある聖アルジュベティ大聖堂は同国最大の教会建築。

スペイン

ヨーロッパ大陸イベリア半島に位置し、同半島の大部分を占める国家。
「牛追い祭り」「トマト祭り」など、お祭り好きで知られる。

4601 ア・コルーニャ *A Coruña*

スペイン北西部、ガリシア州の港湾都市。漁業、石油化学工業がさかん。
無敵艦隊の出港地としても知られる。

4602 アリカンテ *Alicante* スペイン南東部、バレンシア州にある都市。地中海に面する港湾都市。白い砂浜が続く保養地としても知られる。ワインの産地として有名。

4603 バルセロナ *Barcelona* スペイン北東部、カタルーニャ州の都市。人口は同国第2位で、同国を代表する工業都市。1992年に夏季五輪が開催された。

4604 ビルバオ *Bilbao* スペイン北部、バスク州の都市。鉄鋼、化学など重工業の中心地。現在は都市再生事業も進められている。

251

4605 マドリード *Madrid*

スペインのほぼ中央、マドリード州にある同国の首都で政治、経済の中心。標高655メートルのメセタ（高原）にある。有名な建物が数多く建つ広場プエルタデルソルが有名。

4606 マラガ *Malaga*　スペイン南部アンダルシア州の港湾都市。太陽の海岸といわれるコスタデルソルの中心地。ブドウ、オレンジなどの栽培がさかん。ピカソの生地もある。

4607 ムルシア *Murcia*
スペイン南東部ムルシア州の都市。同国で最も豊かな農村地帯にあり、同国一の生産量を誇るレモンをはじめとするオレンジ、ブドウなどかんきつ類の生産がさかん。

4608 パルラ *Parla*
スペイン中央部、マドリード州の都市。古くから農業がさかん。マドリード市内のアトーチャ駅から出ている近郊線の電車で行く。

4609 サンタ・クルス・デ・テネリフェ *Santa Cruz De Tenerife*

アフリカ大陸の北西、大西洋に浮かぶカナリア諸島、テネリフェ島にある都市。漁業がさかん。1年に1度、2月から3月にかけて行われるカーニバルが有名。

4610 セビリア *Sevilla*

スペイン南西部、アンダルシア州の河港都市。大聖堂、アルカサル、インディアス古文書館などの世界遺産がある。セビリア春祭りも有名。

4611 ソリェル *Soller*　イベリア半島東、地中海に浮かぶマジョルカ島北西部に位置する都市。
オレンジとレモンの産地のバルセロナから船でバレアレス諸島に向かい、パルマ港で下船。

4612 バレンシア *Valencia*　スペイン中東部、バレンシア州の都市。地中海に面する。米、オレンジ、ブドウ、小麦などの集散地。
陶器製品のリヤドロ焼を特産品とする。スペイン三大祭りの一つ、火祭りが有名。

4613 ベレス・マラガ *Velez Malaga*　スペイン南部、アンダルシア州の都市。地中海に面していて、ブドウやサトウキビ栽培がさかん。

4614 ビトリア＝ガスティス *Vitoria-Gasteiz*

スペイン北部、バスク州の都市。鉄鉱石の積出港として発展。
世界を代表するトランプメーカー「エラクリオ・フルニエ」の本社がある。

4615 サラゴサ *Zaragoza*

スペイン北東部、アラゴン州の工業都市。旧市街にあるピラールの聖母大聖堂への巡礼者が多い。
路線の周りのところどころに、モニュメント、オブジェなどの印象的なアート作品があった。

スウェーデン

北ヨーロッパのスカンディナビア半島東側に位置する国家。
「ノーベル賞」の授賞式が行われる。
ただし平和賞はノルウェーのオスロで行われている。

4701 イェーテボリ *Goteborg*

スウェーデン南西部に位置する。同国第2の都市。カテガット海峡に面する港湾都市。世界有数の造船都市。
自動車会社「ボルボ」の本社がある。

4702 リディンゲ *Lidingo*

スウェーデンの首都、ストックホルム中心部から数キロ北東に位置する島。

4703 マルメ *Malmo*　スウェーデン南端部の都市。造船、自動車などの工業がさかん。同国を代表する造船業「コクムス」の本社がある。

4704 ノールショピング *Norrkoping*　スウェーデン南東部の都市。
ストックホルムの南西部、バルト海から西へ約50キロ湾入したブロビク湾の奥に位置する。

4705 ストックホルム *Stockholm*

スウェーデン南東部にある同国の首都。14の島々からなる水の都で、「北欧のベネチア」と呼ばれる。
ノーベルの出身地で、ノーベル賞授賞式が行われるコンサートホールがある。

48 Swiss Confederation

🇨🇭

スイス

ヨーロッパにある国家。4000メートル級の山々が連なるアルプス山脈が国土の6割を占める。
永世中立国ということもあり、多くの国際機関の本部が置かれている。

4801 バーゼル *Basel*

スイス北西部、ライン川上流沿いにある河港都市。ドイツ、フランスと国境を接する。
ヨーロッパを代表する内陸港で、国際決済銀行の本部もある。

4802 ベルン *Bern*

スイス中西部寄りに位置する同国の首都。UPU（万国郵便連合）の本部がある。
クラム通りをはじめ旧市街の街並みは世界遺産に登録されている。

4803 ベー *Bex*　スイス南西部レマン湖東端に位置する。塩鉱の町として知られ、塩の製法の歴史を伝える博物館がある。

4804 ジュネーヴ *Geneve*　スイス西端、レマン湖畔にある都市。世界保健機関、赤十字国際委員会、国際労働機関など200以上の国際機関が立ち並ぶ。時計製造など精密機械工業がさかん。

4805 ローザンヌ *Lausanne* スイス南西部、レマン湖北岸にある観光保養地。同国の最高裁判所や国際オリンピック委員会本部がある。精密機械工業がさかん。

4806 ヌーシャテル *Neuchatel*　スイス西部、ジュラ山脈の南東麓にある都市。精密機械工業がさかん。
同国の時計産業の中心地。湖の周囲はワインの名産地としても知られる。

4807 ロールシャッハ *Rorschach*　スイス北東部、ボーデン湖沿岸の港町。貨物輸送の拠点として開かれてきた。

4808 チューリヒ *Zurich*

スイス北部の都市。標高409メートルにある同国最大の都市。国際的な金融の中心地として知られる。国際サッカー連盟（FIFA）をはじめ多くの国際機関の本部もある。

台湾

台湾海峡を隔てて、中国福建省の南東にある。台湾本島、澎湖諸島などの島々からなる。
半導体の製造技術で世界最大手となる「TSMC」がある。

4901 高雄 *Kaohsiung* 台湾南部にある直轄市。重化学工業で発展してきた台湾を代表する工業都市。
アンテナを含めると高さ378メートルにもなる超高層ビル「東帝士85國際廣場」が有名。

4902 台北 *Taipei*

台湾北部にある直轄市で、台湾最大の都市。日清戦争後の下関条約により1895年に日本領となり、総督府が置かれた。
現在も日本統治時代の街並みが残る。

チュニジア

アフリカ北部に位置する国家。地中海南岸に位置し、
ヨーロッパとアフリカを結ぶ要衝として栄えた。
カルタゴ遺跡やドゥッガの古代劇場などは
世界遺産に登録されている。

5001 チュニス *Tunis*

チュニジア北東部、地中海に面する同国の首都。「オリーブの木のモスク」と呼ばれるモスクなどイスラムのたたずまいを残す
旧市街はメディナと呼ばれ、世界遺産に登録されている。

51 トルコ

Republic of Turkey

黒海、エーゲ海、地中海に囲まれた国家。
ボスポラス海峡を境にアジアとヨーロッパにまたがる。
世界有数の農業国でもあり、
ヘーゼルナッツ、さくらんぼの生産量は世界一を誇る。

5101 アダナ *Adana* トルコ南部の工業都市。周辺は肥沃な農業地帯で、同国最大の綿の産地として知られ、綿織物を中心とした紡績業がさかん。

5102 アンカラ *Ankara* トルコ中部にある同国の首都。アナトリア高原の中央部にある同国第2の都市。
毛織物生産がさかんで、高級織物の原料となるアンゴラヤギの産地。

5103 アンタルヤ *Antalya*

トルコ南西部の都市。地中海に面する。温暖な気候で、世界的なリゾート地として知られる。かんきつ類やオリーブオイルの産地でもある。

5104 ブルサ *Bursa*　トルコ北西部の都市。トルコ市民はLRTではないレトロ車両のことを「ノスタルジック」と呼んでいる。

5105 エスキシェヒル *Eskisehir*

トルコ西部の都市。
工芸品などに使われる海泡石（きめが細かい粘土状の白い鉱物）の世界的な産地として知られる。

5106 ガズィアンテップ *Gaziantep*

トルコ南部の都市。シリアの国境に近い。
第1次世界大戦後、フランスの支配に抵抗した住民にガズィの称号が贈られた。

5107 イスタンブール *Istanbul*

トルコ北西部の都市で、同国最大の都市。ボスポラス海峡を挟んでアジアとヨーロッパにまたがる。旧称コンスタンティノープル。

5108 イズミル *Izmir*　トルコ西部の港湾都市。エーゲ海に面する同国第3の都市。オリーブ、ブドウ、イチジクなどの積出港。
トルコ側エーゲ観光の拠点としても知られる。

5109 カイセリ *Kayseri*　トルコ中央部の都市。アナトリア高原に位置する。綿織物工業がさかん。カッパドキア観光の拠点でもある。

5110 コンヤ *Konya*　トルコ中南部、アナトリア高原南部にある都市。毎年12月に何時間も旋回しながら踊るメヴラーナ祭りが開催される。

5111 サムスン *Samsun*　トルコ北部、黒海沿岸の港湾都市。タバコや茶の産地として知られる。

ウクライナ

1991年に旧ソ連から独立。中央部の黒土地帯は「ヨーロッパの穀倉」と呼ばれる肥沃な農業地帯。
東部は地下資源が豊富。

5201 アヴディーイウカ *Avdiivka*　ウクライナ東部にある都市。ドネツクの近郊にある。

5202 ドニプロペトロウスク *Dnipropetrovsk*　ウクライナ中東部の都市。同国有数の重工業都市。
冶金、石油化学、建築資材工業がさかん。

5203 ドネツク *Donetsk*　ウクライナ東部の都市。石炭生産、製鋼、冶金鋳造、石油化学、コークス化学などの工業がさかん。ドンバス重工業地帯の中心地。

5204 ドルジュキウカ *Druzhkivka*　ウクライナ東部の都市。ドネツクの北方にある。

5205 ホルリフカ *Horlivka*　ウクライナ東部の都市。ドンバス重工業地帯の中心地。
炭鉱があるほか、採炭コンバイン、コークス、石炭化学がさかん。同国の十月革命の拠点になった。

5206 カーミヤンシケ *Kamianske*　ウクライナ中東部の都市。ドニプロ川の河港都市。冶金、機械、化学などの工業がさかん。

5207 ハルキウ *Kharkiv*　ウクライナ北東部の工業都市。人口ではキーウに次ぐ、同国第2の都市。同国最大の工業都市。
トラクター、タービン、農業機械などの機械製造がさかん。

5208 コノトプ *Konotop*　ウクライナ北部の都市。運輸機械、繊維工業がさかん。ロシア・ポーランド戦争のコノトプの戦いの地。

5209 コンスタンチノフカ *Konstantinovka*　ウクライナ東部の都市。ガラス、冶金、肥料化学がさかん。

5210 クラマトルスク *Kramatorsk*　ウクライナ東部の都市。ドンバス工業地帯の都市の一つ。鉄鋼業、冶金、化学工業がさかん。

5211 クリヴィーリフ *Kryvyi Rih*　ウクライナ中南部の都市。クリヴィーリフ鉄山によって発展。鉄鋼産業の中心地。同国最大の製鉄会社「アルセロール・ミタル・クリヴィーリフ」もある。

5212 **キーウ** *Kyiv*　ウクライナの北部に位置する同国の首都。同国の政治、経済の中心。
約1000年の歴史を持つ聖ソフィア大聖堂と関連する修道院建築物は世界遺産に登録されている。

5213 **ルハンスク** *Luhansk*　ウクライナ東端部に位置する都市。鉄鋼業、機械化学など重工業がさかん。

5214 リヴィウ *Lviv*　ウクライナ西部の都市。ポーランドとの国境近くにある都市。旧市街はリヴィウ歴史地区群として世界遺産に登録されている。

5215 マキイウカ *Makeyevka*　ウクライナ東部の都市。ドンバス重工業地帯の都市の一つ。製鉄業、セメント工業がさかん。

5216 マリウポリ *Mariupol*　ウクライナ南東部の都市。ドネツク炭田の石炭、クリヴィーリフの鉄鉱を背景に重工業が発展した。ドンバス重工業地帯の都市の一つ。

5217 ミコライウ *Mykolaiv*　ウクライナ南部の港湾都市。ロシア海軍の拠点の一つとして発展し、現在でも造船、機械工業がさかん。

5218 オデーサ *Odesa*　ウクライナ南部、黒海に面する工業都市。市街地から港に下りる「オデーサの階段」が有名。
海浜保養地としても知られる。

5219 スタハノフ *Stakhanov*　ウクライナ東部の都市。製鉄業、石炭化学工業がさかん。

5220 ヴィンニツァ *Vinnytsa*　ウクライナ中西部の都市。南ブーフ川に面する工業都市。化学肥料や建築資材などの工業がさかん。

5221 エナキエヴェ *Yenakiieve* ウクライナ東部の都市。鉄鋼、セメント、コークスなどの重工業がさかん。

5222 エウパトリヤ *Yevpatoria* ウクライナ南部、クリミア自治共和国の港湾都市。クリミア半島西岸に位置する。鉱泉、泥炭浴施設があるほか、海岸保養地として知られる。

5223 ザポリッジャ *Zaporizhia*　ウクライナ南東部の港湾都市。ドニプロ川に沿う。鉄鋼、アルミニウム、自動車、化学工業がさかん。

5224 ジトーミル *Zhtomyr*　ウクライナ北部の都市。機械、金属などの工業がさかん。
ソビエト連邦の初期のロケット開発指導者、コロリョフの出身地。

イギリス

正式名称は、グレートブリテン及び北アイルランド連合王国。
イングランド、スコットランド、ウェールズ、北アイルランドから構成される国家。
すぐれた文化を生み出してきた。

5301 ビーミッシュ野外博物館 *Beamish Museum*

イギリス、イングランドのダラム州ビーミッシュにある野外博物館。
野外博物館としては最大級の規模を誇り、19世紀と20世紀のイングランド北東部の街並みや暮らしを再現している。

5302 バーミンガム *Birmingham*   イギリス、イングランド中部、ウエスト・ミッドランズ州にある都市。

5303 ブラックプール *Blackpool*

イギリス、イングランド北西部、ランカシャー州にある都市。
高さ158mのブラックプールタワーはまちのシンボル。

5304 クリッチ国立トラム博物館 *National Tramway Museum Crich*

イギリスのダービーシャー州クリッチにある博物館。
路面電車は約1.6キロの線路上を往復している。

5305 クロイドン *Croydon*
イギリス、イングランドの大ロンドン都市圏南部にある特別区。
1803年、ワンズワースとの間に世界初の鉄道が開通した。

5306 エディンバラ *Edinburgh*
イギリス、スコットランドの東岸にある首都で、ロージアン地方の首府。
スコットランドにおける政治と文化の中心都市。エディンバラ城の城下町として発展した。

5307　スランディドノ・グレートオームトラムウェイ　*Llandudno Great Orme Tramway*

イギリス、ウェールズ北部に位置するスランディドノ。台地の麓にあるビクトリア駅とグレートオームの丘を結ぶ登山電車があり、頂上からは雄大な草原とアイリッシュ海を見渡せる。

5308 マンクス電気鉄道 *Manx Electric Railway*

マン島の主都ダグラスのダービー・キャッスルからラクシーを経由して、ラムジーを結ぶ電気鉄道。

5309 スネーフェル登山鉄道 *Snaefell Mountain Railway*

マン島のマンクス電気鉄道の中継地点であるラクシーからスネーフェル山の山頂までを結ぶ登山鉄道。標高621メートルの山頂からは、イングランド、アイルランドが見渡せる。

5310 ダグラス馬車鉄道 *Douglas Bay Horse Tramway*

マン島の主都ダグラスの海岸通り「プロムナード」を走る馬車鉄道。
ダグラス港からマンクス電気鉄道駅のダービー・キャッスルまでを走る。

5311 マン島蒸気鉄道 *Isle of Man Steam Railway*

マン島の中心地ダグラスからキャッスルタウンを経由して、
ポート・エリンまでを結ぶ蒸気鉄道。

5312 ロンドン・ドックランズ *London Docklands*

イギリス、イングランド南東部にある同国の首都。
テムズ川両岸にまたがる同国最大の都市。ロンドン東部に広がる再開発地域。

5313 ロンドン・ウインブルドン *London Wimbledon*

イギリス、イングランド南東部にある同国の首都。
テムズ川両岸にまたがる同国最大の都市。国会議事堂のウエストミンスター宮殿や英国王室のバッキンガム宮殿がある。

5314 マンチェスター *Manchester* イギリス、イングランド中西部、グレーター・マンチェスター州の都市。

5315 ニューカッスル・アポン・タイン *Newcastle upon Tyne*　イギリス、イングランド北東部、タイン・アンド・ウィア州の河港工業都市。

5316 ノッティンガム *Nottingham*　イギリス、イングランド中部、ノッティンガムシャー州の都市。

5317 シェフィールド *Sheffield* イギリス、イングランド中部、サウス・ヨークシャー州の都市。

5318 サウスポートピア *Southport Pier* イングランド北西部マージーサイド地域にある都市。アイリッシュ海に臨むリゾート地として発展。

5319 ウィラル交通博物館 *Wirral Transport Museum*

イギリスのイングランド地方マージーサイド州、マージ川を挟んでリバプールの対岸に位置するバーケンヘッド。
そのまちのウィラル交通博物館からフェリーターミナル前の広場までの約1.1キロの路線を走る。

アメリカ合衆国

北アメリカ大陸中央部の国家。独立性の強い50の州で成り立っている。
雄大な自然に支えられる世界最大の穀物輸出国でもある。
世界第1位の経済大国で、軍事費も世界一。

5401 アトランタ *Atlanta*　アメリカ合衆国のジョージア州の州都。「コカ・コーラ」「CNN」などの本社所在地。
「ハーツフィールド・ジャクソン・アトランタ国際空港」は世界で最も忙しい空港といわれる。

5402 オースティン *Austin*　アメリカ合衆国テキサス州の都市。音楽産業がさかんで、「世界のライブ音楽の首都」とも呼ばれる。
アップルが第2本社を置くなど、近年はIT産業のまちとして発展。

5403 ボルティモア *Baltimore*　アメリカ合衆国メリーランド州、大西洋に面する港湾都市。医学部で有名なジョンズ・ホプキンス大学がある。

5404 ボストン *Boston*　アメリカ合衆国マサチューセッツ州、大西洋に面する港湾都市。
ボストン大学、マサチューセッツ大学など教育文化施設が多い。

5405 バファロー *Buffalo*　アメリカ合衆国ニューヨーク州の都市。ナイアガラの滝へのアメリカ側入り口がある。
自動車部品、ミサイル部品産業がさかん。

5406 シャーロット *Charlotte*　アメリカ合衆国ノースカロライナ州の都市。
ニューヨークに次ぐ金融の中心地で、全米一の預金高を誇るバンク・オブ・アメリカの本社がある。

5407 クリーブランド *Cleveland*　アメリカ合衆国オハイオ州の都市。エリー湖南岸の港湾都市。
製鉄、機械、石油化学などの重工業がさかん。

5408 ダラスDART *Dallas DART*　ダラスはアメリカ合衆国テキサス州の都市。宇宙開発産業がさかん。
遊説中のケネディ大統領はここで暗殺された。

5409 ダラス M-Line *Dallas M-Line* ダラスのダウンタウンから北東に向かう無料トロリー。運転手もボランティアで運行している。

5410 デンバー *Denver* アメリカ合衆国コロラド州の都市。ロッキー山脈の東麓、標高約1600メートルに位置する高原都市。

5411 デトロイト *Detroit*　アメリカ合衆国ミシガン州の都市。五大湖工業地帯の拠点で、世界自動車産業の中心地として知られる。モーター・シティとも呼ばれる。

5412 エルパソ *El Paso*　アメリカ合衆国テキサス州最西端にある都市。リオグランデ川の北東岸などはメキシコとの国境となっている。1948年にメキシコ領からアメリカ合衆国領になった。

5413 ヒューストン *Houston*　アメリカ合衆国テキサス州の都市。「シェル石油」の本社があり、石油化学、機械製造がさかん。郊外にアメリカ航空宇宙局（NASA）の宇宙センターがある。

5414 ハドソン－ベルゲン *Hudson-Bergen*　アメリカ合衆国ニュージャージー州ハドソン郡で運行されているライトレール。

5415 ケネバンクポート *Kennebunkport*　アメリカ合衆国メーン州の都市。観光・保養地として知られる。
第41代大統領ジョージ H.W. ブッシュの別荘があることで話題になった。

5416 ケノーシャ *Kenosha*　アメリカ合衆国ウィスコンシン州、ミシガン湖岸の工業都市。
自動車、金属、電子機器、銅製品、衣料品の製造がさかん。

5417 ラスベガス *Las Vegas* アメリカ合衆国ネバダ州、砂漠地帯にある観光都市。

5418 リトル・ロック *Little Rock*　アメリカ合衆国アーカンソー州の都市。バラ栽培がさかんで「バラの町」と呼ばれる。

5419 ロサンゼルス *Los Angeles*　アメリカ合衆国カリフォルニア州の都市。太平洋に面する同国第2の都市。
サンタモニカのビーチは多くの人でにぎわう。ハリウッドの映画産業も有名。

5420 メンフィス *Memphis* アメリカ合衆国テネシー州の都市。ミシシッピ川に面する河港都市。綿花の集散地として発展した。

5421 ミネアポリス *Minneapolis*　アメリカ合衆国中北部、ミネソタ州の都市。

5422 ニューアーク *Newark*　アメリカ合衆国ニュージャージー州の都市。ニューヨークの衛星都市として発展。同国最大の保険会社「プルデンシャル生命保険」の本社がある。

5423 ニューオーリンズ・セントチャールズ・ストリートカー *New Orleans St. Charles Streetcar*

アメリカ合衆国ルイジアナ州の都市で南米地域との貿易の拠点。セントチャールズ線は世界最古の市電として知られている。

5424 ニューオーリンズ・リバーフロント・ストリートカー *New Orleans Riverfront Streetcar*

リバーフロント線はミシシッピ川の堤防に沿って走る。鮮やかな赤と黄色のレトロな車体が特徴。

5425 ニューヨーク・エアトレインJFK *New York Air Train JFK*

アメリカ合衆国ニューヨーク州にある同国最大の都市。世界の金融の中心地で、国際連合の本部もある。自由の女神像はハドソン川河口のリバティ島にある。

5426 ノーフォーク *Norfolk*
アメリカ合衆国バージニア州の港湾都市。軍港のまちとしても知られ、世界最大の海軍基地が置かれている。そのため軍需産業、造船業がさかんである。

5427 オーシャンサイド *Oceanside* アメリカ合衆国カリフォルニア州の都市。ロサンゼルスとサンディエゴの間にある町。

5428 オマハ *Omaha* アメリカ合衆国ネブラスカ州の商工業都市。ミズーリ川に面している世界最大級の家畜市場や穀物市場がある。

5429 ペリス *Perris* アメリカ合衆国カリフォルニア州ロサンゼルス近郊にある都市。オレンジエンパイア鉄道博物館の構内を走る。

5430 フィラデルフィア *Philadelphia* アメリカ合衆国ペンシルベニア州の港湾都市。独立宣言や憲法制定の舞台となり、「アメリカの母なる都市」と呼ばれる。市内線と郊外線がある。白や銀をベースに、赤と青のラインが入った車両が特徴。

5431 フェニックス *Phoenix*

アメリカ合衆国アリゾナ州にある州都。コンピューター、エレクトロニクスなど半導体産業がさかん。温暖な気候で、「太陽の町」とも呼ばれる。

5432 ピッツバーグ *Pittsburgh*

アメリカ合衆国ペンシルベニア州の都市。同国の鉄鋼業の中心地として発展してきた。

5433 ポートランド・マックス・ライトレール *Portland MAX Light Rail*

アメリカ合衆国オレゴン州にある都市。
醸造業がさかん。

5434 ポートランド・ストリートカー *Portland Streetcar*

ポートランドはアメリカ合衆国オレゴン州にある都市。
国内有数規模の河港都市。スポーツシューズ「ナイキ」の本社がある。

5435 サクラメント *Sacramento*

アメリカ合衆国カリフォルニア州にある都市。19世紀中ごろにゴールドラッシュで発展した。ツバキ栽培がさかんで、「ツバキの都」とも呼ばれる。

5436 ソルトレークシティ *Salt Lake City* アメリカ合衆国ユタ州の州都。グレートソルト湖の南東岸にある。
モルモン教徒が建設した町で、信者も多く住む。

5437 サンディエゴ *San Diego* アメリカ合衆国カリフォルニア州の港湾都市。メキシコ国境近くにある観光保養地。
沿海はカジキの大物釣りで有名。

5438 サンフランシスコ・ケーブルカー _San Francisco Cable Car_

サンフランシスコの名物ケーブルカーは
坂道の移動に便利。

5439 サンフランシスコ・マーケット通り _San Francisco Market Street_

サンフランシスコはアメリカ合衆国
カリフォルニア州の都市。

5440 サンノゼ *San Jose* アメリカ合衆国カリフォルニア州にある都市。コンピューター関連産業が集まるシリコンバレーのまち。

5441 サン・ペドロ *San Pedro* アメリカ合衆国カリフォルニア州、ロザンゼルス郊外にあるまち。

5442 サバンナ *Savannah* アメリカ合衆国ジョージア州の港湾都市。
1819年、蒸気船で初となる大西洋の横断に成功したサバンナ号はこの地から出港した。

5443 シアトル・ストリートカー *Seattle Streetcar* シアトルはアメリカ合衆国ワシントン州の都市。航空機・宇宙産業がさかん。
近郊に世界最大の航空宇宙機器開発製造会社「ボーイング」の工場がある。

5444 シアトル・ウォーターフロント・ストリートカー *Seattle Waterfront Streetcar* シアトルの海の玄関口。

5445 セントルイス *St. Louis* アメリカ合衆国ミズーリ州の都市。西部開拓の前線基地として発展。
大手航空機製造メーカー「ダグラス」社の本社がある。

5446 タコマ *Tacoma* アメリカ合衆国ワシントン州の都市。古くから林業がさかんで、木材加工の積み出し港として発展。
レーニア火山を中心とする国立公園への入り口。

5447 タンパ *Tampa* アメリカ合衆国フロリダ州の港湾都市。国内最大の葉巻タバコの生産地として知られ、「シガータウン」と呼ばれる。
観光保養地としても知られる。

5448 トレントン *Trenton* アメリカ合衆国ニュージャージー州の都市。ケーブル、ワイヤロープなどの電線、電気器具の製造がさかん。

5449 ツーソン *Tucson*　アメリカ合衆国アリゾナ州の都市。周囲を山々に囲まれている。

5450 ワシントン D.C. *Washington, D.C.*　アメリカ合衆国東海岸に位置する首都。正式にはワシントン・コロンビア特別行政区で、直轄地区。ホワイトハウスなど連邦政府の中枢機関や国際機関の本部が置かれている。

ウズベキスタン

中央アジアにある国家。シルクロード（絹の道）の中継地として発展してきた国。
1991年に旧ソ連から独立した。大規模な運河で水を引く巨大な綿花供給基地として知られる。

5501 タシケント *Tashkent*

ウズベキスタンの首都。
繊維工業がさかんな中央アジア最大の工業都市。古くから東西交易の中継地として発展してきた。

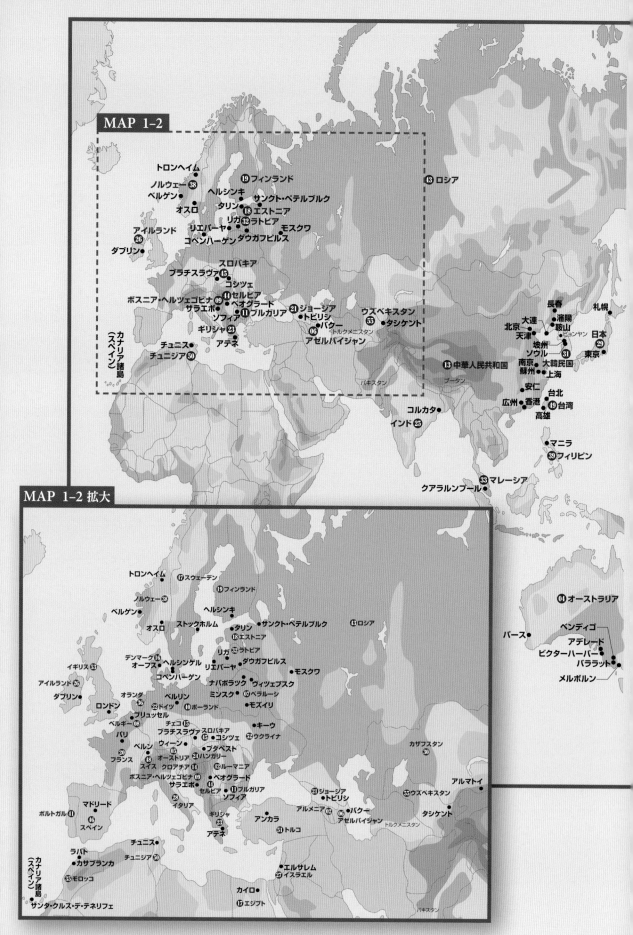

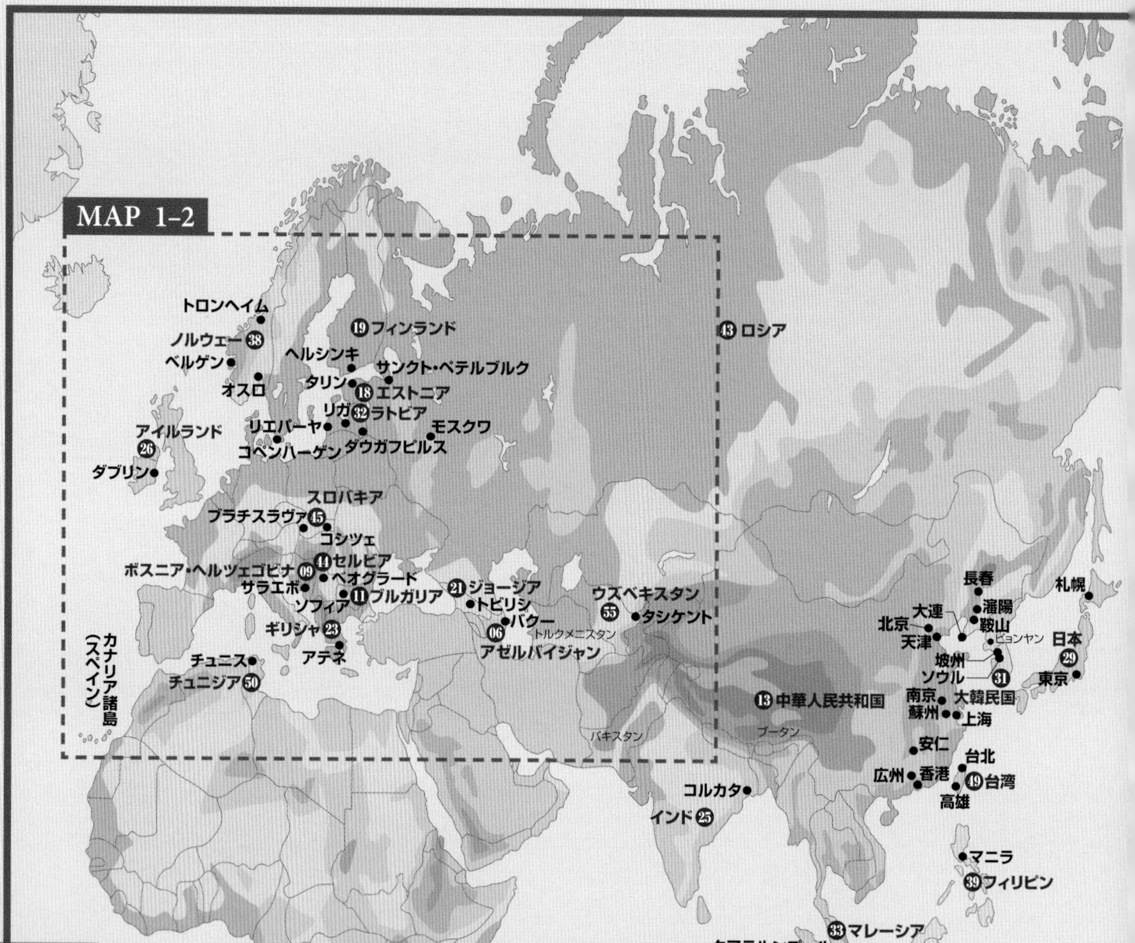
MAP 1-2
トロンヘイム
ノルウェー 38
ベルゲン
オスロ
19 フィンランド
ヘルシンキ
サンクト・ペテルブルク
タリン
18 エストニア
リガ
32 ラトビア
リエパーヤ
モスクワ
アイルランド
26
コペンハーゲン
ダウガフピルス
ダブリン
スロバキア
ブラチスラヴァ 45
コシツェ
44 セルビア
ボスニア・ヘルツェゴビナ 09
ベオグラード
サラエボ
11 ブルガリア
ソフィア
21 ジョージア
トビリシ
バクー
06
アゼルバイジャン
トルクメニスタン
ウズベキスタン
55
タシケント
ギリシャ 23
アテネ
カナリア諸島（スペイン）
チュニス
チュニジア 50
43 ロシア
13 中華人民共和国
パキスタン
ブータン
コルカタ
インド 25
長春
瀋陽
鞍山
大連
北京
天津
ピョンヤン
坡州
ソウル
31
大韓民国
南京
蘇州
上海
札幌
日本
29
東京
安仁
台北
広州
香港
49 台湾
高雄
マニラ
39 フィリピン
33 マレーシア
クアラルンプール
04 オーストラリア
ベンディゴ
パース
アデレード
ビクターハーバー
バララット
メルボルン

MAP 1-2 拡大
トロンヘイム
17 スウェーデン
19 フィンランド
ノルウェー 38
ヘルシンキ
ベルゲン
オスロ
ストックホルム
タリン
サンクト・ペテルブルク
43 ロシア
18 エストニア
リガ
32 ラトビア
デンマーク 16
オーフス
ヘルシンゲル
リエパーヤ
ダウガフピルス
イギリス 53
コペンハーゲン
モスクワ
ナパボラツク
ヴィツェブスク
アイルランド 26
ダブリン
オランダ
36
ベルリン
ミンスク
07 ベラルーシ
ロンドン
22 ドイツ
40 ポーランド
モズイリ
ブリュッセル
ベルギー 08
チェコ 15
キーウ
パリ
ブラチスラヴァ
スロバキア
45
コシツェ
52 ウクライナ
ベルン
ウィーン
05
ブダペスト
カザフスタン
30
20
フランス
48
スイス
オーストリア
24 ハンガリー
クロアチア 14
12 ルーマニア
ボスニア・ヘルツェゴビナ 09
ベオグラード
サラエボ
44
セルビア
11 ブルガリア
ソフィア
アルマトイ
21 ジョージア
トビリシ
55 ウズベキスタン
28
イタリア
マドリード
ポルトガル 41
46
スペイン
アルメニア 02
06 バクー
アゼルバイジャン
タシケント
ギリシャ
23
アテネ
アンカラ
51 トルコ
トルクメニスタン
チュニス
ラバト
カサブランカ
チュニジア 50
エルサレム
27 イスラエル
35 モロッコ
カナリア諸島（スペイン）
カイロ
サンタ・クルス・デ・テネリフェ
17 エジプト
パキスタン

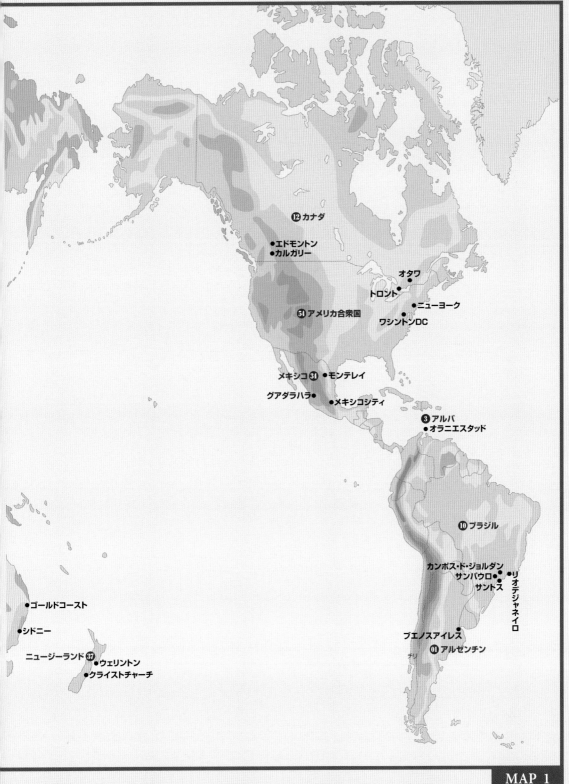

⑫ カナダ

●エドモントン
●カルガリー

オタワ
●
トロント
●
●ニューヨーク
㊶ アメリカ合衆国
ワシントンDC
●

メキシコ ㉞ ●モンテレイ
グアダラハラ●
●メキシコシティ

❸ アルバ
●オラニエスタッド

⑩ ブラジル

カンポス・ド・ジョルダン●
サンパウロ●
●リオデジャネイロ
サントス

●ゴールドコースト

●シドニー

プエノスアイレス
●

ニュージーランド ㊲ ●ウェリントン
●クライストチャーチ

チリ
❶ アルゼンチン

MAP 1

WORLD MAP

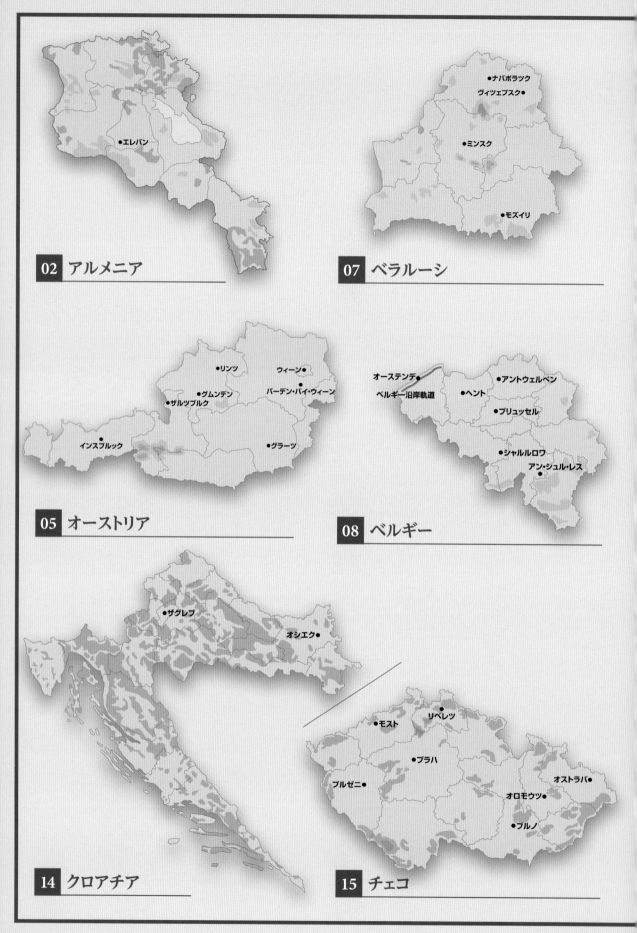

02 アルメニア
- ●エレバン

07 ベラルーシ
- ●ナバポラック
- ヴィツェブスク●
- ●ミンスク
- ●モズイリ

05 オーストリア
- ●リンツ
- ウィーン●
- ●グムンデン
- バーデン・バイ・ウィーン●
- ザルツブルク●
- ●インスブルック
- ●グラーツ

08 ベルギー
- オーステンデ●
- ベルギー沿岸軌道
- ●アントウェルペン
- ●ヘント
- ●ブリュッセル
- ●シャルルロワ
- アン・シュル・レス●

14 クロアチア
- ●ザグレブ
- オシエク●

15 チェコ
- ●モスト
- リベレツ●
- ●プラハ
- プルゼニ●
- オストラバ●
- オロモウツ●
- ●ブルノ

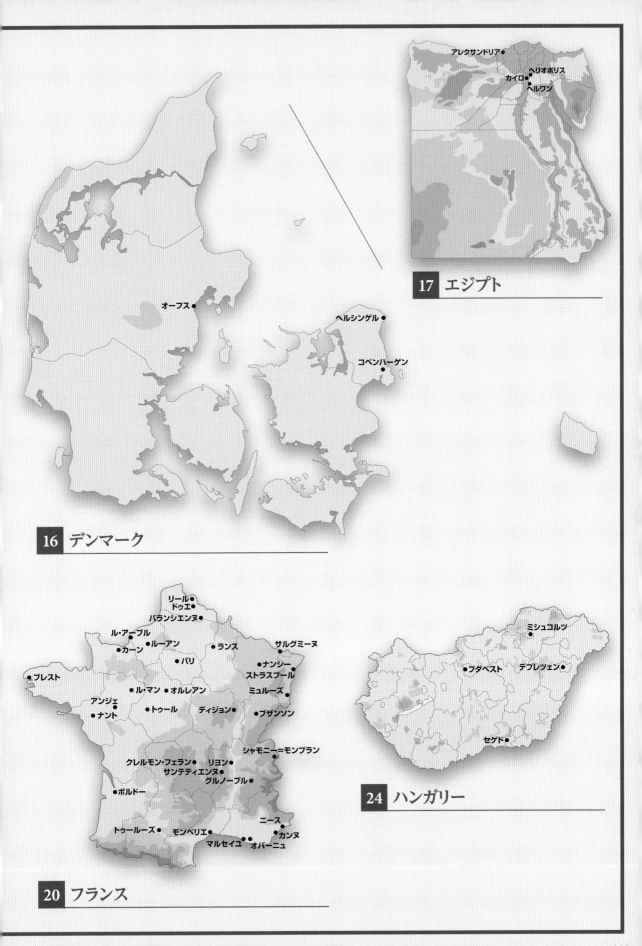

17　エジプト

アレクサンドリア●
ヘリオポリス●
カイロ●　●ヘルワン

オーフス●

ヘルシンゲル●

コペンハーゲン●

16　デンマーク

24　ハンガリー

ミシュコルツ●

ブダペスト●　●デブレツェン

セゲド●

リール●
ドゥエ●
バランシエンヌ●

ル・アーブル●
カーン●　●ルーアン　●ランス　サルグミーヌ●

ブレスト●　　　　●パリ　　　●ナンシー
　　　　　　　　　　　　　ストラスブール●

アンジェ●　ル・マン●　オルレアン●　ミュルーズ●
●ナント　　トゥール●　ディジョン●　●ブザンソン

　　　　　　　　　　　　　シャモニー＝モンブラン●

クレルモン・フェラン●　●リヨン
サンテティエンヌ●　　グルノーブル●

●ボルドー

トゥールーズ●　　　　　　　　ニース●
　　モンペリエ●　　　　●カンヌ
　　　マルセイユ●　オバーニュ●

20　フランス

335

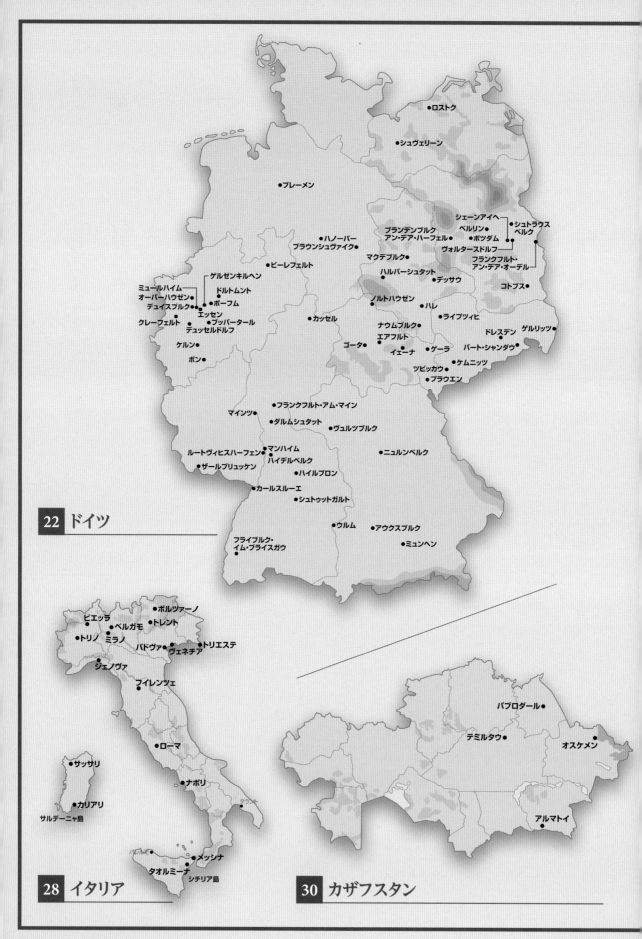

●ロストク

●シュヴェリーン

●ブレーメン

シェーンアイヘ●
ブランデンブルク　　ベルリン●
アン・デア・ハーフェル　　●ポツダム
●ハノーバー　　　　　　　　　　シュトラウス
ブラウンシュヴァイク●　　　　　　　　　ベルク●
マクデブルク●　　　　　　ヴォルタースドルフ●
●ビーレフェルト　　　　　　　　　フランクフルト・
　　　　　　　　●ハルバーシュタット　　　アン・デア・オーデル

ゲルゼンキルヘン　　　　　　　　　　●デッサウ　　コトブス●
ミュールハイム●┐┌●ドルトムント　●ノルトハウゼン
オーバーハウゼン●┤│●ボーフム　　　　　●ハレ　　●ライプツィヒ
デュイスブルク●┘│●エッセン
クレーフェルト●　│　●ヴッパータール　　　　　ナウムブルク●　　ドレスデン●　ゲルリッツ●
　　　●デュッセルドルフ　　●カッセル　　　●エアフルト　　　　　　バート・シャンダウ●
　ケルン●　　　　　　　　●ゴータ●　イェーナ●　●ゲーラ
　　●ボン　　　　　　　　　　　　　　　　●ツヴィッカウ　●ケムニッツ
　　　　　　　　　　　　　　　　　　　　　　　　●プラウエン

　　　　　　　　　　●フランクフルト・アム・マイン
　マインツ●　　●ダルムシュタット
　　　　　　　　　　　●ヴュルツブルク
ルートヴィヒスハーフェン●　●マンハイム
　●ザールブリュッケン　●ハイデルベルク　　　　●ニュルンベルク
　　　　　　　　●ハイルブロン
　　　　　●カールスルーエ
　　　　　　　　●シュトゥットガルト
　　　　　　　　　　●ウルム　　●アウクスブルク
　　フライブルク・　　　　　　　　　●ミュンヘン
　　イム・ブライスガウ●

22 ドイツ

ボルツァーノ●
ビエッラ●　　●トレント
●トリノ　ベルガモ●　　●トリエステ
ミラノ●　パドヴァ●
●ジェノヴァ　ヴェネチア●
　　●フィレンツェ

●ローマ

●サッサリ

●カリアリ
サルデーニャ島

●ナポリ

タラント

パレルモ●　　●メッシナ
タオルミーナ●
　　シチリア島

28 イタリア

パブロダール●

テミルタウ●　　●オスケメン

●アルマトイ

30 カザフスタン

336

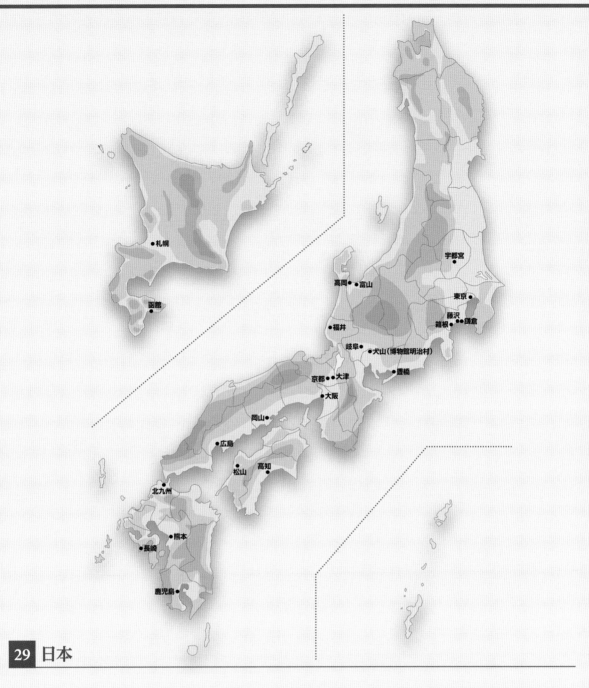

札幌

函館

宇都宮

高岡 富山

福井

岐阜 犬山(博物館明治村)
東京
藤沢
箱根 鎌倉

豊橋

京都 大津
大阪

岡山

広島

松山 高知

北九州

熊本

長崎

鹿児島

29 日本

リガ

リエパーヤ

ダウガフピルス

32 ラトビア

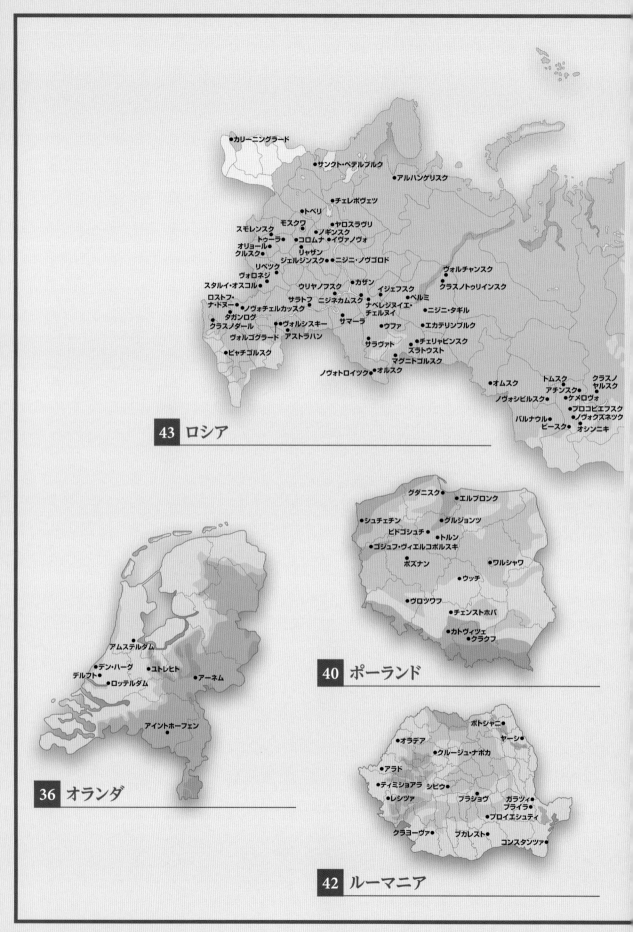

43 ロシア

- カリーニングラード
- サンクト・ペテルブルク
- アルハンゲリスク
- チェレポヴェツ
- トベリ
- スモレンスク
- モスクワ
- ヤロスラヴリ
- ノギンスク
- トゥーラ
- コロムナ
- イヴァノヴォ
- オリョール
- クルスク
- リャザン
- ジェルジンスク
- ニジニ・ノヴゴロド
- リペツク
- ヴォロネジ
- ウリヤノフスク
- カザン
- イジェフスク
- ヴォルチャンスク
- スタルイ・オスコル
- クラスノトゥリインスク
- ロストフ・ナ・ドヌー
- サラトフ
- ニジネカムスク
- ベルミ
- ノヴォチェルカッスク
- ナベレジヌイエ・チェルヌイ
- ニジニ・タギル
- タガンログ
- サマーラ
- ウファ
- エカテリンブルク
- クラスノダール
- ヴォルシスキー
- クラスノダール
- ヴォルゴグラード
- アストラハン
- サラヴァト
- チェリャビンスク
- ズラトウスト
- ピャチゴルスク
- マグニトゴルスク
- ノヴォトロイツク
- オルスク
- オムスク
- トムスク
- クラスノヤルスク
- アチンスク
- ケメロヴォ
- ノヴォシビルスク
- プロコピエフスク
- バルナウル
- ノヴォクズネツク
- ビースク
- オシンニキ

36 オランダ

- アムステルダム
- デン・ハーグ
- ユトレヒト
- アーネム
- デルフト
- ロッテルダム
- アイントホーフェン

40 ポーランド

- グダニスク
- エルブロンク
- シュチェチン
- グルジョンツ
- ビドゴシュチ
- トルン
- ゴジュフ・ヴィエルコポルスキ
- ポズナン
- ワルシャワ
- ウッチ
- ヴロツワフ
- チェンストホバ
- カトヴィツェ
- クラクフ

42 ルーマニア

- ボトシャニ
- オラデア
- ヤーシ
- クルージュ・ナポカ
- アラド
- ティミショアラ
- シビウ
- レシツァ
- ブラショヴ
- ガラツィ
- ブライラ
- プロイエシュティ
- クラヨーヴァ
- ブカレスト
- コンスタンツァ

338

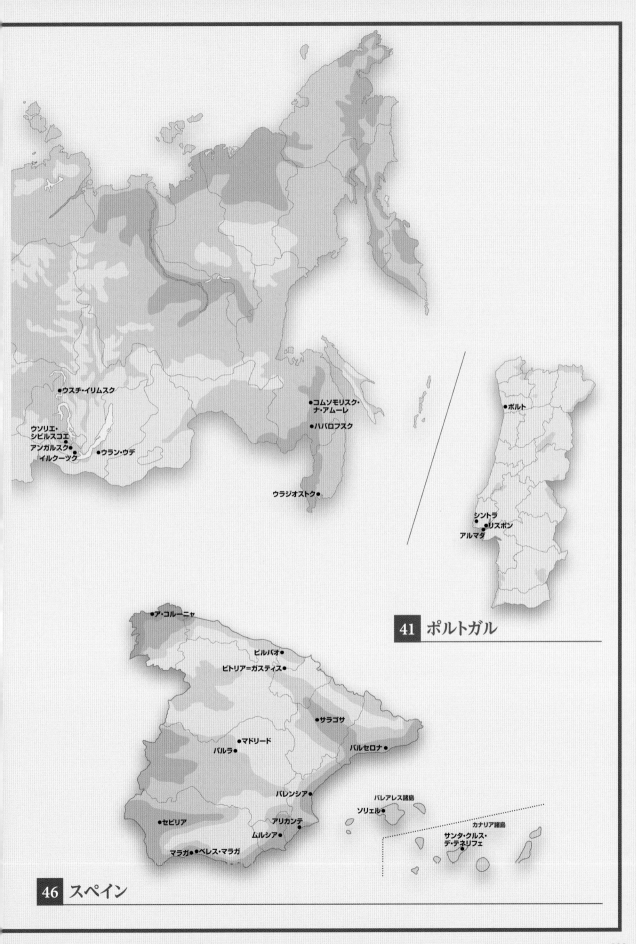

●ウスチ・イリムスク

コムソモリスク・
ナ・アムーレ●

ウソリエ・
シビルスコエ●
アンガルスク●
イルクーツク● ●ウラン・ウデ
ハバロフスク●

ウラジオストク●

●ポルト

シントラ
●リズボン
アルマダ●

41 ポルトガル

●ア・コルーニャ

ビルバオ●
ビトリア=ガスティス●

●サラゴサ

●マドリード
バルラ●
バルセロナ●

バレンシア●
バレアレス諸島
ソリェル●

カナリア諸島
サンタ・クルス・
デ・テネリフェ●

セビリア●
アリカンテ●
ムルシア●
マラガ●●ベレス・マラガ

46 スペイン

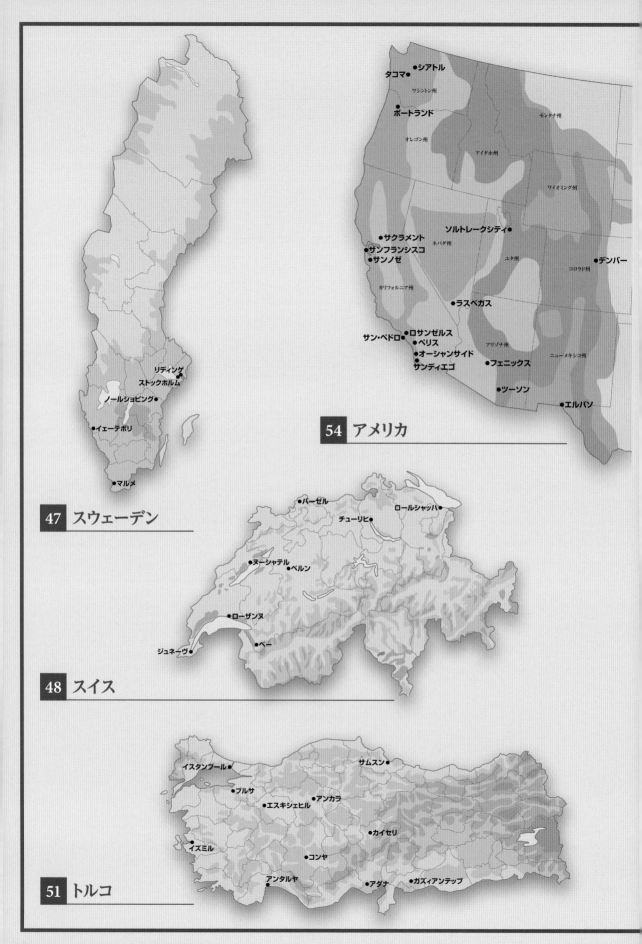

47 スウェーデン

リディング●
ストックホルム●
ノールショピング●
●イェーデボリ
●マルメ

54 アメリカ

タコマ● ●シアトル
ワシントン州
●ポートランド
モンタナ州
オレゴン州
アイダホ州
ワイオミング州
●サクラメント
ソルトレークシティ●
サンフランシスコ●
ネバダ州
サンノゼ●
ユタ州
●デンバー
カリフォルニア州
コロラド州
●ラスベガス
サン・ペドロ● ●ロサンゼルス
アリゾナ州
●ベリス
ニューメキシコ州
●オーシャンサイド
サンディエゴ●
●フェニックス
●ツーソン
●エルパソ

48 スイス

バーゼル●
ロールシャッハ●
チューリヒ●
ヌーシャテル●
ベルン●
ローザンヌ●
ジュネーヴ● ●ベー

51 トルコ

イスタンブール● サムスン●
ブルサ●
エスキシェヒル● ●アンカラ
●カイセリ
イズミル●
●コンヤ
アンタルヤ● ●アダナ ●ガズィアンテップ

340

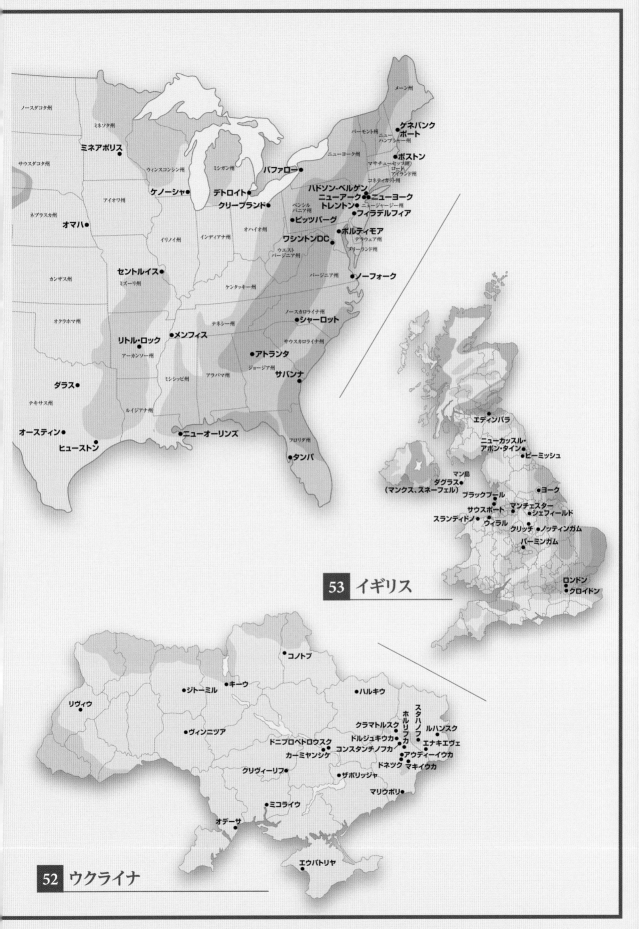

ノースダコタ州

ミネソタ州

ミネアポリス

サウスダコタ州

ウィスコンシン州

ミシガン州

バファロー

メーン州

ゲネバンク
ポート

バーモント州
ニュー
ハンプシャー州

ニューヨーク州

ボストン

マサチューセッツ州
ロード
アイランド州
コネティカット州

ネブラスカ州

アイオワ州

ケノーシャ

デトロイト

クリーブランド

ハドソン・ベルゲン
ニューアーク **ニューヨーク**
トレントン

ペンシル
バニア州
ピッツバーグ

ニュージャージー州
フィラデルフィア

オマハ

イリノイ州

インディアナ州

オハイオ州

ワシントンDC

ボルティモア

デラウェア州

メリーランド州

カンザス州

ミズーリ州

セントルイス

ウェスト
バージニア州

ケンタッキー州

バージニア州

ノーフォーク

オクラホマ州

テネシー州

ノースカロライナ州
シャーロット

リトル・ロック

メンフィス

アーカンソー州

サウスカロライナ州

ダラス

ミシシッピ州

アラバマ州

アトランタ

ジョージア州
サバンナ

テキサス州

ルイジアナ州

オースティン

ヒューストン

ニューオーリンズ

フロリダ州

タンパ

エディンバラ

**ニューカッスル・
アポン・タイン**

ビーミッシュ

マン島
ダグラス
（マンクス、スネーフェル）

ブラックプール

ヨーク

サウスポート

マンチェスター
シェフィールド

スランディドノ

ウィラル

クリッチ **ノッティンガム**

バーミンガム

ロンドン

クロイドン

コノトプ

リヴィウ

ジトーミル **キーウ**

ハルキウ

スタハノフ

クラマトルスク
ホルリフカ

ルハンスク

ヴィンニツア

ドニプロペトロウスク
ドルジュキウカ
コンスタンチノフカ

エナキエヴェ

アウディーイウカ

カーミヤンシケ
ドネツク **マキイウカ**

クリヴィーリフ
ザポリッジャ

ミコライウ

マリウポリ

オデーサ

エウパトリヤ

INDEX

343

Various cars

Mini train for sightseeing

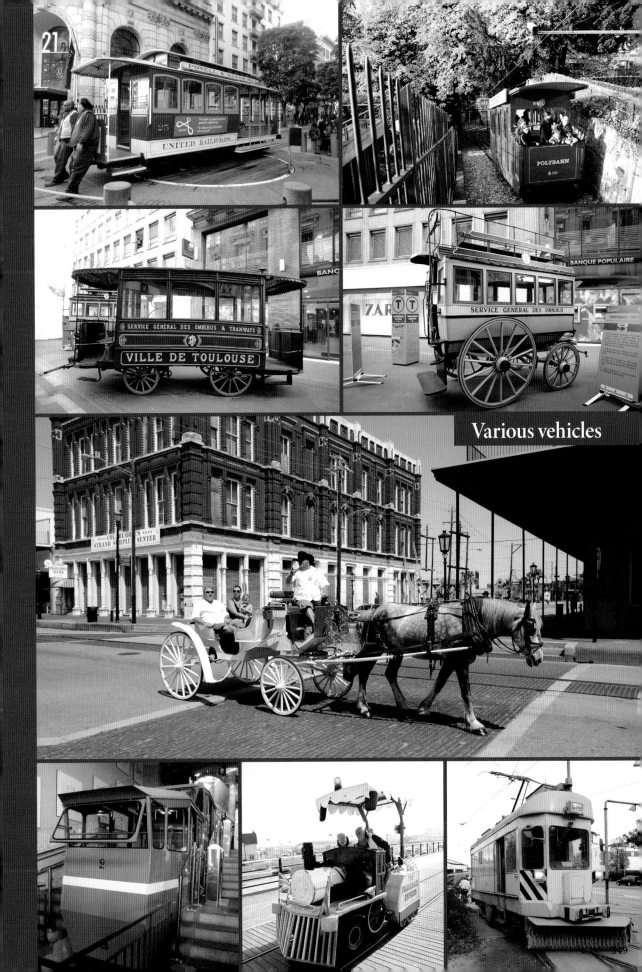

Various vehicles

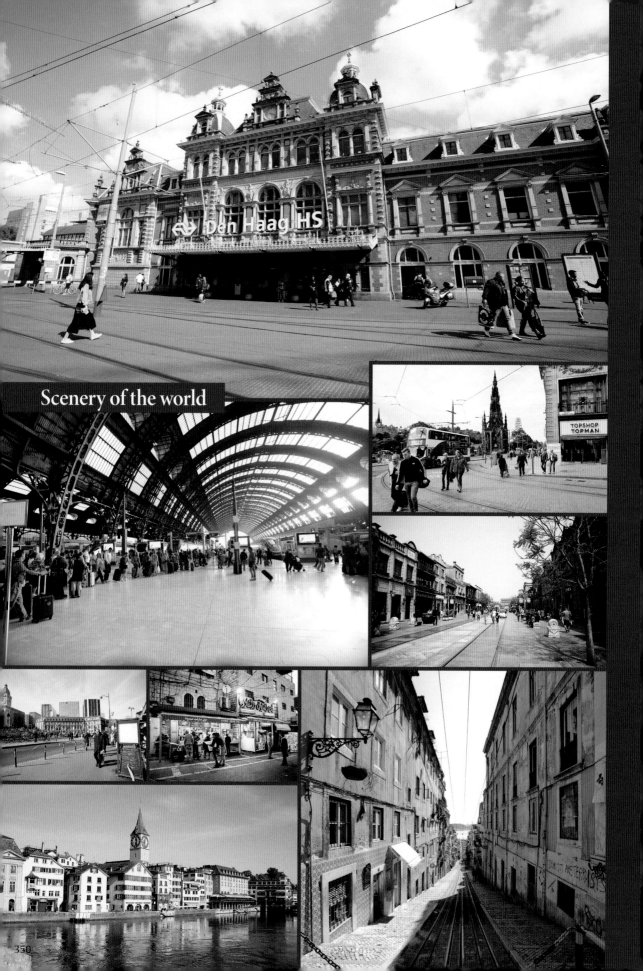

Scenery of the world

Memories with people

351

【著者略歴】

杉田紀雄（すぎた のりお）

1940年（昭和15年）、北海道三笠市生まれ。電機メーカーの技術部門に34年間勤務し、主に舞台照明やシステムインターホンなどの仕事に従事。退職後の1999年（平成11年）から趣味で、路面電車の写真撮影を始め、世界各地を放浪。行く先々で、「ミスタートラム」の愛称で、親しまれる。2013年（平成25年）に世界415都市の路面電車を収録した『世界の路面電車ビジュアル図鑑』（北海道新聞社刊）を出版し、新聞各紙で取り挙げられるなど話題となった。北海道北広島市在住。

[参考文献]

世界全地図　ライブアトラス【講談社】
世界地図帳　グローバルアクセス【昭文社】
ベーシックアトラス世界地図帳【平凡社】
コンサイス外国地名事典【三省堂】
新世紀ビジュアル大辞典【学習研究社】
新しい都市交通システム【山海堂】
路面電車新時代【山海堂】
世界のLRT【JTBパブリッシング】

路面電車の技術と歩み【グランプリ出版】
日本の路面電車ハンドブック【日本路面電車同好会】
日本地名百科事典【小学館】
鉄道用語事典【グランプリ出版】
Light Rail in Europe【Capital Transport】
Trams in Western Europe【Capital Transport】
Trams in Eastern Europe【Capital Transport】

編集担当　　　五十嵐裕揮
編集協力　　　祐川可奈
ブックデザイン　韮塚香織

写真で見る 世界の路面電車

2023年6月27日　初版第1刷発行

著　者　杉田紀雄
発行者　近藤　浩
発行所　北海道新聞社
　　　　〒060-8711　札幌市中央区大通西3丁目6
　　　　出版センター　編集　011-210-5742
　　　　　　　　　　　営業　011-210-5744
印　刷　（株）アイワード

乱丁・落丁本は出版センター（営業）にご連絡くだされば、お取り換えいたします。
ISBN 978-4-86721-101-4